계속 가봅시다
남는 게 체력인데

50대 구글 디렉터의 지치지 않고 인생을 키우는 기술

계속 가봅시다
남는 게 체력인데

정김경숙 지음

웅진지식하우스

시작하며

느린 성장에 마음이 조급해진 당신에게

'첫날'이라는 말을 들으면 어떤 느낌이 드나요? 원하던 회사에 첫 출근하던 날, 꼭 하고 싶었던 운동을 배우는 첫날, 누군가와 가족을 이루어 살게 된 첫날……. 생각만 해도 무엇이든 할 수 있을 것 같이 설레고 힘이 솟죠. 그렇다면 '5년 차'라는 말은 어떤가요? 직장인 5년 차, 달리기 5년 차. 이제 슬슬 듣기만 해도 지치기 시작하죠? 그렇다면 '30년 차'는요? 그런 날이 오긴 오나 싶고, 30년간 뭘 했든 참 끈질기고 대단하다 감탄할 겁니다.

제아무리 좋아하는 일이어도 오랫동안 '첫날'의 열정과 설렘을 지키며 사는 일은 참 어렵습니다. 마음도 지치고, 체력도 달립니다. 일에 치이고, 사람에게 볶이고, 남은 에너지를 모두 쥐어짜고 나면 우리에게 남는 건 권태로운 일상뿐입니다. 한국 직장인의 90% 이상이 '번아웃' 혹은 '보어아웃(bore out)' 상태라고 하지요. 분명 처음엔 다 좋아서 시작한 일들이었을 텐데 우리는 왜 이렇게 지치게 된 것일까요?

이 책은 바로 그 첫날의 마음가짐과 에너지를 지키기 위해 필요한 노력들에 대해 이야기합니다. 저는 30년간 직장 생활을 하고 그중 절반의 시간을 구글러로 살았습니다. 구글코리아에서 일한 지 12년 되던 해, 제 나이가 쉰이 되던 2019년에 구글 본사가 있는 실리콘밸리로 옮겨가 새로운 삶에 도전했습니다. 마흔 되던 해부터 영어 공부를 본격적으로 시작해서, 원어민에게도 어렵다는 글로벌 커뮤니케이션팀에서 디렉터로 일하고 있습니다.

지난 30년간의 직장생활에서 저는 어떻게 하면 삶을 지속 가능한 에너지와 긍정으로 가득 채울 수 있을지에 대해 오랫동안 고민하고 실천해왔습니다. 원하는 커리어를 스스로 개척해나가면서, 직장인으로 살면서도 자기 가치관을 지키고, 사람들과 손잡고 함께 성장하는 삶. 이 모든 것을 가능하게 만들기 위해 제가 찾은 답은 바로 '체력'이었습니다. 무엇이든 즐겁게 끝까지 하고, 넘어져도 다시 회복하기 위해 몸과 마음의 코어 근육이 가장 중요하다는 깨달음을 얻게 된 것이지요.

저는 검도를 14년 넘게 하고도 여전히 대회에 나가면 30초 만에 지고, 대금은 7년을 불었는데 아직도 제대로 소리를 못 냅니다. 구글의 최고경영자는 못 되지만 최고령 라인에 들어가고 있고요. 그래도 괜찮습니다. 좋아하는 일을 '계속하는 힘'이야말로 결국 끝내 이기는 방법이라고 생각하기 때문입니다.

이 책을 통해 저는 자기만의 속도를 지키면서 삶을 꾸준히 확장해나가기 위해 우리에게 필요한 몸과 마음의 체력에 관한 이야기를 들려주고자 합니다. 남들보다 성장이 느리고 뛰어난 재능이 없더라도 포기하지 않고 묵묵히 하루하루를 채워나가는 힘, 그 힘을 발판 삼아 삶을 무한히 키워나가는 방법에 대해 들려드릴게요. 하루하루가 벅차고 힘겨운 우리 삶에 그런 저력이 뒷받침된다면, 당장에 조금 잘하지 못해도, 때론 실패에 부딪힌다고 하더라도, 쉽게 무너지지 않고 단단하게 버틸 수 있을 겁니다. 조급해하거나 불안해하지 마세요. 느리면 좀 어때요? 인생은 생각보다 길답니다.

새로운 도전 앞에 망설이고 있고, 동력을 잃어 포기할까 고민하고 있다면, 당신에게 제 이야기가 조금 도움이 될지도 모릅니다. 당신이 하고 싶은 일을 하고 싶은 만큼 오랫동안 이어나가기를, 그리하여 결국 해내는 사람으로 거듭나기를 응원하며 이 책을 시작합니다.

CONTENTS

PART 3 다시 일어나는 힘, 마음의 코어 만들기

PART 4 여자, 엄마, 리더 – 함께 가는 길을 잇다

INTRO

내 나이 쉰에 실리콘밸리라니

"로이스, 너 또 일 키운다."

"다들 은퇴 준비하고 있는데, 너무 사서 고생하는 거 아니야?"

"아니 구글 전무 됐으면 됐지, 가족 친구들 다 놔두고 혼자 미국을 가야 해?"

미국행을 결정한 내게 친한 친구들과 언니들은 걱정스럽다는 듯이 말했다. 그때 내 나이 쉰, 어느덧 또래 친구들을 만나는 자리면 으레 은퇴해서 무엇을 할 것인지, 퇴직금은 어떻게 사용할 것인지가 대화 주제로 자연스럽게 옮겨가는 나이였다. 대한민국의 평균 은퇴 나이는 49.3세라는데, 나는 그때 꿈의 실리콘밸리행을 결심했다. 가족들과 떨어져 혈혈단신으로 구글 본사가 위치한 마운틴뷰로 떠나기로 한 것이다.

꿈의 실리콘밸리로 향하다

15년 전 내가 처음 입사했을 때만 해도 구글코리아는 직원 15명 안팎의 작은 규모로, 초창기의 오피스는 자리에서 일어나면 누가 뭘 하고 있는지 한눈에 다 들여다보이는 사랑방 같은 곳이었다. 사옥은 물론 사장도 없이 세일즈팀과 채용팀 몇 명이 옹기종기 모여 팀을 꾸려나가기 시작한 2007년 1월에 나는 커뮤니케이션 총괄 임원으로 구글에 합류했다.

구글코리아에서 12년을 근무하는 동안 회사가 수백 명 규모로 성장했다. 구글코리아와 함께한 12년 여의 히스토리는 나의 히스토리이기도 했다. 회사 안에 로이스 하면 모르는 사람이 없었고, 동시에 누가 어디 앉아 있는지, 문제가 생기면 누구랑 얘기하는 게 가장 빠른지 알고 싶을 때 가장 먼저 찾는 사람도 나였다.

그러던 내가 다시 누글러(noogler, 구글 신입 사원을 이르는 말)가 되어 구글코리아에 비해 더 큰 조직으로, 또 나를 알아주는 사람보다 모르는 사람이 훨씬 많은 낯선 미국 본사로 홀연히 떠나게 된 것이다. 나는 다시 팀원 하나 없는 디렉터 1인 팀으로 돌아왔다. 15년 전 구글코리아에 맨 처음 입사했을 때처럼, 문자 그대로 처음부터 다시 시작.

"로이스님은 항상 자기 자리를 만들어서 가시는 것 같아요." 한 후배는 미국행을 결심한 내게 이렇게 말하며 신기해했다. "저도 완전 신기해요. 요술램프 지니에게 얘기한 것도 아닌데, 그냥 내가 원하는 것을 얘기했을 뿐인데 이렇게 바로 이뤄졌네요."

있어야 할 자리를 스스로 만들다

구글의 전 세계 커뮤니케이션 담당자들은 1년에 한 번 본사에 모인다. 오프사이트(offsite)라고 부르는 이 행사에는 수백 명의 구글러가 참석하여 회사나 제품에 대한 업데이트를 받고, 서로의 성공 사례를 나누거나 아이디어를 교환하는 등, 다 같이 네트워킹을 하는 시간을 갖는다. 2019년 6월에도 어김없이 캘리포니아에서 모였다. 행사 마지막 날, 전 세계 커뮤니케이션을 총괄하는 부사장과 각국의 여러 리더들이 질의응답 시간을 가졌다. 나는 늘 갖고 있던 생각을 바탕으로 수백 명 앞에 손을 들어 한 가지 제안을 했다.

"본사에 인터내셔널 리에종(liasion), 즉 중개자 역할을 담당할 사람이 필요합니다. 미국 내에 있는 전 세계 매체 특파원들을 지원하고 각국에 있는 커뮤니케이션팀들과 미국 본사에 있는 커뮤니케이션 담당자들을 이어주는 사람이 있다면 더 많은 기회를 만들어볼 수 있을 것입니다."

이 제안을 하는 동안 심장 소리가 옆 사람에게 들릴 정도로 심장이 두방망이질 쳤다. 이윽고 내 제안에 여기저기서 "굿 아이디어(Good idea)"라는 추임새와 박수가 나왔다. 부사장 역시 좋은 생각이라면서 다만 여러 가지를 고려해야 하므로 좀 더 리서치를 해보고 싶다고 대답했다.

3일간의 오프사이트를 끝내고 서울로 돌아오는 공항에서 나는 부사장에게 후기를 겸한 이메일을 보냈다. 오프사이트에서의 내 제안에 대해 나라별로 니즈를 파악하여 리서치한 뒤 구체적인 제안서를 만들어보겠노라고 적었다. 그로부터 약 3주 뒤, 부사장이 전 세계 구글 커뮤니케이션 담당자들에게 보낸 장문의 이메일을 쭉 읽어나가는데, 말미에 "뉴 롤스(New roles)!"라는 문구가 눈에 들어왔다. 맙소사, 인터내셔널 미디어 리에종 리드(International Media Liaison Lead)를 뽑는다는 공고였다.

부사장의 이메일을 받은 지 한 달 만에, 나는 내가 제안한 팀의 디렉터로 채용되었다. 사실 아이디어를 제안할 때만 해도 내가 그 자리에 갈 것이라고는 전혀 생각하지 않았는데, 이렇게 막상 채용 확정이 되니 여러 가지 생각이 몰려왔다. 한국에 가족을 두고 나만 훌쩍 떠나도 되는 걸까? 완전히 새로운 곳에 가서 시작하기에는 너무 늦은 게 아닐까? 게다가 '인터내셔널 커뮤니케이션'은 영어 원어민도 힘들다는 직무인 데다, 신생 팀이니 1인 팀으로 시작할 것이 불 보듯 뻔했다. 나는 과연 바닥부터 다시 시작하고 싶은 것일까? 내가 과연 잘할 수 있을까? 괜히 가서 일 잘못해서 30년

내 경력에 먹칠만 하는 건 아닐까?

하지만 살면서 내가 경험한 모든 중요한 결정의 순간마다 믿는 것은 나 자신이었다. 더 이상 내가 준비되어 있지 않다거나 부족하다는 의심은 없었다. 아니, 의심은 가더라도 일단 그 자리에 가면 어떻게든 해낼 수 있다는 자신감이 있었다. 내가 그 어떤 상황에도 포기하지 않는다는 건, 30년의 직장생활에서 스스로 증명한 일이니까. 무엇보다 직장생활을 마무리하기 전에 한 번은 더 새로운 도전을 해보고 싶었다. 내 나이 쉰 살이어서 못 가겠다가 아니라, 내 나이 쉰 살이니 지금이라도 가봐야겠다는 생각으로 굳어졌다.

구글 디렉터가 10달러도 없다고요?

미국행이 8월에 결정되고, 업무는 당장 9월 초부터 시작해야 하는 상황. 가족을 두고 혼자 움직이는 거라 크게 준비할 것은 없었다. 한국에서 늘 입던 정장이나 구두는 과감하게 정리했다. 캘리포니아의 따사로운 햇살과 건조한 날씨 그리고 무엇보다 구글 캠퍼스의 자유로운 분위기에 어울리는 캐주얼 복장과 책 몇 권만 간단하게 캐리어에 챙겼다. 수화물용 캐리어 두 개가 텅텅 소리 나도록 비어 있었다. 나는 완전히 새로운 인생을 꿈꾸고 있었다. 지난 50년간 갖가지 색으로 빼곡히 채워왔던 기존 도안을 버리고 새로운 페이지에 새로운 그림을 그려나갈 수 있는 기회. 미래에 대한 희망과 기대 말고는 더 준비할 것이 없었다. 말 그대로 나는 아무것도 준비하지 않았다. 심지어 돈도.

드디어 샌프란시스코에 도착했다. 내 수중엔 인천공항 현금인출기에서 뽑아온 달랑 300달러뿐. 미국 급여는 격주로 나오니 급여를 받기 전까지는 신용카드를 만들어 쓰면 될 것 같아 출장가듯 떠나왔다. 짐을 대충 풀고 휙 주변을 돌아본 다음 은행으로 향했다. 직업이 구글 디렉터라고 하니 처음부터 은행 직원의 대우가 꽤 호의적이다. "예금 통장에 얼마 예치하시겠어요?" 아뿔싸, 정착금으로 큰돈을 가져왔을 것이라는 기대를 했는지 들뜬 목소리다. 예치금을 생각지 못했던 나는 수중에 돈이 없으니 50달러만 넣겠다고 얄팍한 현금을 내밀었다. 고객 매니저의 표정이 살짝 어두워진다. 분명 실망하고 황당해하는 눈치다. 지지 않고 신용카드를 만들겠다고 하니 또 묻는다. "신용 점수는 몇 점이신가요?"

"그게 뭔데요?"

또 황당해한다. 이것저것 묻고 컴퓨터 시스템을 뒤지더니 현재는 미국 은행에 신용이 전혀 없기 때문에 신용카드를 신청할 수가 없다고 했다. 분명 호기롭게 한국을 떠나왔는데, 점점 암담해지기 시작했다. 여기는 미국이지. 그제야 제로베이스에서 시작한다는 게 무슨 의미인지 제대로 실감이 나기 시작했다.

그래도 내게는 250달러가 있으니 급여가 들어올 때까지 아껴 쓰면 되지 않을까? 하지만 웬걸, 슈퍼마켓에 갈 때마다 은행 잔고가 뚝뚝 떨어지는 소리가 귓전에 들리는 것 같았다. 사과 하나를 들었다 놨다, 몇십 센트 더 싼 주스를 찾아 뒤적뒤적. 아, 처량하다. 사과 하나에 덜덜 떠는 내 나이 오십이여.

그렇게 2주가 지나 드디어 급여일! 그런데 여전히 통장은 텅 비어 있다. 주말을 지나고 다음 월요일이 와도 급여는 '빵' 이다. 나중에 알고 보니 나도 모르게 연간 퇴직연금 공제를 최대한으로 설정해놓아서 연간으로 할당된 금액이 다 채워질 때까지 앞으로 받을 급여에서 몽땅 빠져나갈 거라고 한다. 그렇게 한 해치 퇴직연금을 채우는 데 한 달 반이 걸렸다. 물론 그동안 급여는 제로였다.

아무리 제로베이스에서 시작한다지만, 이렇게까지 제로일 줄은 몰랐는데……. 신용카드도 없고 통장 잔고도 제로다. 빵 원이라니! 직장생활 30년 만에 처음 보는 잔고다. 그렇게 위풍당당 자신만만하게 미국행을 택했는데 돈이 없다고 가족들에게 연락하기도 민망하기 그지없었다. 어쩔 수 없다. 돈이 들어올 때까지 무조건 회사에서 먹고 마시고 버틴다!

말이 그렇지, 낯선 환경에서 돈까지 없으니 참으로 처량맞았다. 난감한 상황에 망연자실하다가 우연찮게 구글러 동료와 이야기를 하게 됐다. 그에게 내가 지금 급여를 한 달 반 동안 못 받고 있다고 털어놓자, 그가 선뜻 700달러를 그 자리에서 빌려주는 것이 아닌가. 그가 웃으며 말했다.

"아니 세상에, 구글 디렉터가 10달러가 없어서 과일을 못 사먹는다고 하면 누가 믿겠어요?"

나는 그가 빌려준 700달러를 정착자금 삼아 미국 생활을 시작했다. 장밋빛일 줄 알았던 미국 살이는 실상은 조금은 궁상맞게(?) 시작되었다. 물론 너무 급하게 옮겨오는 바람에 벌어진 해프닝이었지만, 눈앞에 펼쳐지는 모든 것이 새로워도 너무 새롭고 예상치 못한 것들 천지였다.

안 되는 이유, 내가 가진 약점만 생각하면

스스로를 깎아내리게 되지만

일단 한 번이라도 시작해보면

조금 더 해보고 싶은 욕심과 에너지가 솟아나기 시작한다.

그 에너지를 원동력 삼아

지금을, 오늘을 꾸준히 살아가면 된다.

언젠가 인생이 새로운 즐거움과

더 큰 기회를 보여줄 것이라 믿으면서.

PART 1

체력도 열정도 '키우는' 겁니다

CHAPTER 1

지긋지긋한 50년 물공포증과의 사투

푸른 바다와 하늘이 맞닿는 곳, 하와이 호놀룰루 와이키키 해변. 저마다 자신감 넘치는 수영복 차림으로 해안을 거닌다. 바닷물을 가르며 능숙하게 보드를 휘감는 서퍼들도 눈에 띈다. 그야말로 꿈에 나올 듯이 아름다운 풍광 속에 유독 어울리지 않는 한 사람이 있다. 허리춤도 채 차오르지 않는 얕은 바다에서 행여나 물에 빠져 죽지는 않을까 두려워하며 구명조끼 버클을 단단하게 동여맨 채 허우적거리고 있는 사람. 바로 나였다.

2021년 여름, 나는 하와이에 있었다. 코로나19로 인해 대부분의 구글러들이 원격근무로 전환하며 회사가 아닌 집에 머물고 있었다. 나는 원격근무 기간을 좀 더 적극적으로 활용해보고 싶었다. 그래서 실리콘밸리를 떠나 시애틀, 뉴욕 등 미국 여러 도시를 돌아다니며 한 달 살기 체험을 하던 참이었다. 바다 수영, 스노클링, 스쿠버다이빙…… 하와이 하면 떠오르는 수중 액티비티들! 하지만 내가 그곳에 도착해서 가장 먼저 산 것은 멋진 수영복이 아니라 구명조끼였다. 50년간 나를 괴롭히던 아쿠아포비아, 즉 물공포증 때문이었다.

어렸을 적 개울물에 빠져 죽을 뻔한 이후 생긴 물 공포증이 지금까지 끈질기게 나를 괴롭히고 있었다. 물에 빠져본 사람은 안다. 아주 짧은 찰나에도 호흡을 할 수 없고 몸을 가눌 수 없다는 사실이 얼마나 압도적인 공포로 다가오는지를. 눈앞이 하얘지고 가슴이 콱 막힌다. 평생 하고 싶은 걸 다 하며 살았으니 죽는 것이 두렵지 않다고 말하던 나인데도, 물속에만 들어가면 그 말을 한 과거의 내가 원망스러울 정도다. 수영을 배우려고 다섯 번 정도 시도했는데 매번 실패하고 낙오하기 일쑤였다. 지구의 4분의 3은 물이라는데, 세상에 하고 많은 공포증 가운데 왜 하필이면 물인가.

구글 캠퍼스에서 수영을 시작하다

그러던 내가 미국에 온 지 2년째 되던 해부터 수영을 배우기 시작했다. 바로 구글 캠퍼스 수영장에서. 구글 캠퍼스는 수영장뿐 아니라 헬스장과 같은 각종 운동 시설을 포함하고 있고 요가, 필라테스, 에어로빅 등 여러 운동을 체험해 볼 수 있는 GX(group exercise, 단체 운동) 프로그램이 다양하게 제공된다. 그래서인지 몰라도 구글에선 한국 오피스든 미국 오피스든 신기하게도 배 나온 사람을 찾아보기 어렵다. 수영 개인 레슨은 1회에 45달러 정도로 상대적으로 저렴한 편이라, 나는 이 기회를 노렸다.

일주일에 세 번, 수영 레슨이 시작되었다. 수영 레슨을 시작하기 전, 나는 수영 코치에게 신신당부했다. "선생님, 제 목표는 수영을 잘하는 게 아니라 물공포증을 없애는 거예요." 수영 코치는 알겠다고 고개를 끄덕였다. 그는 두 달 가까이 나와 '물놀이'를 해주었다. 물속에 돌멩이를 던져두고 건져오게 하기도 하고, 수면에서 뒤집기를 해보라고도 시켰다. 물 밖에서 점프해서 뛰어들고, 수영장 바닥에 엉덩이 닿기 같은 놀이도 했다. 옆 레인에서는 사람들이 멋지게 물살을 가르며 열심히 랩(왕복) 수영을 하고 있는 동안 나는 어린애마냥 첨벙첨벙 물놀이만 하고 있었던 것이다.

그마저도 처음에는 "오늘 내가 여기서 죽는구나" 하는 심정이었지만 공포를 꾹 참으며 두 달간 물놀이를 이어나갔다. 놀랍게도 이 우스꽝스러운 물놀이 덕분에 나는 조금씩 물공포증에서 놓여났다. 물에 대한 두려움을 서서히 덜어내면서, 물속에서 호흡하는 법도 차차 익혔다. 그렇게 조금씩 조금씩, 남들보다 아주 느린 속도로 나는 수영의 세계로 젖어들었다. 드디어! 50년 만에!

꼭 그렇게까지 해야겠어?

우리 인생에는 나의 수영과 비슷한 경험들이 너무나 자주 벌어진다. 무언가 너무나 간절히 하고 싶은 일이 있는데, 상황이 뒤따르지 않아서 포기하는 경험들 말이다. 나이가 많다고 새로운 도전을 미뤄두고, 더 나은 연봉이나 조건, 육아 같은 현실적인 이유로 하던 일을 그만두게 되기도 한다. 그렇게 시간이 없고, 여건이 허락되지 않아서, 혹은 타고난 재능이나 용기가 없어서 가슴 한구석에 늘 묵혀두는 것들이 생긴다. 나이가 들수록 그런 일은 더 많아진다.

그런데 그런 마음들은 숨긴다고 숨겨지는 게 아닌 것 같다. 딴청을 피우고, 우선순위에서 계속 미뤄둔다고 해서 잊

I'll be back

히지 않고, 오히려 시간이 지날수록 그때 얻지 못한 것들이 점점 더 절실해진다. 지난 50년 동안 인라인스케이트에, 마라톤에, 등산에, 스노보드에 검도까지 수많은 운동을 하면서도 내가 진짜 하고 싶었던 건 수영이었다. 그토록 애써 부정하고 꾹꾹 봉인해왔는데도 '수영, 정말 해보고 싶은데' 하는 마음은 사라지질 않고, 오히려 '아, 수영, 진짜 정말정말 배우고 싶다. 아니, 수영은 못해도 물공포증이라도 없애고 싶다' 하는 간절한 바람으로 커져갔다. 그리고 내 도전을 가로막던 '근본적인 문제'를 해결해야겠다는 의지로 이어졌다. 그래, 죽는 게 무서워서 물속에 들어가는 게 무서웠다면, 그냥 물속에서 오늘 죽자는 마음으로 물에 들어가자. 그러면 무서울 게 없을 테니까.

물론 지금 그대로의 모습을 그냥 받아들이면서 무리하지 않고 사는 것도 괜찮은 방법이다. 하지만 "뭘 그렇게까지 해"라고 말하는 순간 의도치 않게 내 마음과 에너지는 거기서 끝난다. "그까짓 수영, 뭘 그렇게까지 해" 하는 순간 나는 그냥 맥주병으로 남고, 직장생활에서 "뭘 그렇게까지 해" 하는 순간 나는 그냥 평범한 직장인으로 남는다. 동시에 내가 좀 더 해볼 수 있을 것 같다는 마음속 깊은 곳에 남아 있던 일말의 기대도 순식간에 사라져버리고 만다. 빠르게 '손절'하면 그만이니 더 이상 관심과 애정과 에너지를 쏟을 필요가 없어진다.

하지만 일이든 공부든 하다못해 수영이든 기꺼이 뛰어들어 문제의 본질과 맞설 때 삶은 새로운 국면을 맞닥뜨리게 된다. 내가 할 수 없는 것들만 따지기 시작하면 계속 그것만 생각하며 스스로를 깎아내리게 되지만, 일단 한 번이라도 해보면 더 해보고 싶은 욕심과 에너지가 조금씩 솟아난다. 그게 바로 내가 못하는 것, 내 힘으로 어쩔 수 없는 것들에 대한 집착으로부터 조금씩 놓여나는 방법이기도 하다. 그리고 그걸 될 때까지, 며칠이고 몇 년이고 포기하지 않고 될 때까지 꾸준히 한다면? 그 과정이야 어찌 되었든, 결과적으로 나는 '해낸 사람'이 된다.

늦더라도 일단 부딪혀보는 힘

생각해보면, 20대 중반부터 지금까지 30년간 직장생활을 하면서 나는 늘 '그렇게까지 하는' 사람이 되기를 지향했다. 처음에는 내 소심한 성격을 좀 더 외향적으로 바꿔보고 싶어서, 남들보다 늦어지는 승진이 속상하고 좀 더 일에 자신감을 붙이고 싶어서 주경야독으로 대학원을 다녔다. 이렇게 타인의 시선과 인정을 얻기 위해 시도하던 것들이 나중에는 나의 성장을 위한 노력으로 바뀌어갔다. '그렇게까지 해야 해?'보다는 '조금 더 해보면 될 것 같은데'라는 태도로 될 때까지 끈질기게 하는 것에 재미를 붙이게 된 것이다.

지나고 나서 후회하기보다는 늦더라도 일단 부딪혀보는 자세야말로 지금까지 나를 살게 한 저력이고 경쟁력이었다. 그건 삶의 순간마다 내가 내린 결정과 선택들의 원칙이었다. 그리고 그럴 때마다 인생은 새로운 즐거움과 더 큰 기회, 그리고 끝났다고 생각한 전성기가 끊임없이 거듭되는 마법을 내게 보여주곤 했다.

인생은 생각보다 길다. 서두르거나 포기하지 않고 긴 호흡으로 이어가면 인생은 이전과는 다른 장면들을 허락하기 시작한다. 부정적으로 생각했던 일들도 시간이 지나면 나에게 긍정적인 경험으로 바뀌고, 나를 괴롭히던 최악의 실수나 가슴 아픈 기억도 겸허히 받아들이고 나면 끊임없이 성장하도록 나를 자극하는 계기로 바뀐다. 물론 무언가를 끝까지, 시간의 힘을 믿으며 꾸준히 노력해나가는 사람들에게 허락되는 경험이다. 그리고 그렇게 쌓인 경험들이 나를 지치지 않게 하고, 성숙하게 삶을 이끄는 무한한 에너지가 되어준다.

그래서 결국 수영을 할 수 있게 되어서 행복한가? 나는 수영에 푹 빠졌다. 그렇게 물과 급속도로 친해져서, 한 시간

동안 쉬지 않고 랩수영을 할 때면 즐겁고 나 자신이 대견해서 물속에서 절로 흥얼거리게 된다(그래서 물을 가끔 먹는다!). 나를 집어삼킬 것만 같이 공포스러웠던 액체가, 이제는 내 몸을 휘감고 지나가는 비단결처럼 나를 응원해주는 존재가 되었다. 요즘은 잠영(물속에서만 진행하는 수영)으로 10미터 이상 가는 것을 연습하고 있는데, 물에 빠져죽을까 봐 무서워했던 내가 지금은 몸이 자꾸 물에 뜨는 것을 불평할 줄이야! 올 여름은 라이프가드 자격증에 도전할 생각이다. 어떤가, 놀랍지 않은가?

CHAPTER 2

본 어게인, 정반대의 내가 되다

새해 아침이 되면 으레 하는 결심들이 있다. 올해는 술을 끊어야지(혹은 줄여야지?), 살을 5킬로그램 빼서 리즈 시절의 나로 돌아가야지, 일주일에 한 권은 책을 읽어야지 하는 결심들. 25년 전 새해 아침, 나는 인생에서 가장 대담하고 운명적인 결심을 내렸다. 내 인생 전체에서 가장 극적이고 의미 있는 결심, 아니 결단이었다. 지금의 나를 있게 한 인생의 최대 변곡점의 순간이 그렇게 시작됐다.

"나는 오늘부터 '내가 좋아하는 나'가 될 거야."

뛰어난 재능 없이 성실하기만 하다는 콤플렉스

나는 지극히 평범하고 트리플 A형보다도 더 소심한 성격의 소유자였다. 초, 중, 고등학교 시절 모두 공부는 곧잘 했지만 친구들에게 선뜻 다가가지 못했고, 반장은커녕 줄반장도 못 해본 아이였다. 고등학교 2학년 신학기, 소풍날 엄마가 정성 들여 싸주신 김밥을 안고 용인 민속촌으로 떠났다. 나는 그저 막막하기만 했다. 다들 끼리끼리 모여 도시락을 나눠 먹고 있는데 그중 어느 무리에도 선뜻 "나랑 같이 밥 먹자" 하고 끼어들 용기가 없었기 때문이다. 결국 점심을 먹지 못하고 집에 돌아온 나는 엄마를 붙잡고 엉엉 울었다. "엄마, 반에서 1등이면 뭐해. 소풍 때 밥 같이 먹을 친구 하나가 없는데!"

극도로 소심한 내 성격은 반 1등을 하든 전교 1등을 하든 고쳐질 리가 없었다. 그러다가 서울에 있는 대학으로 진학을 했지만, 소위 '괜찮은' 학교의 라벨도 내 자존감을 높여주진 못했다.

나는 성실함이 콤플렉스였다. 그런 아이 있지 않은가. "걔 어때?" 하면 "아, 뭐 착실해"라고, 그렇게 설명되는 사람. 세상에는 재능 있는 사람들이 그렇게 많은데, 내가 가진 재능이라고는 성실함, 그것 하나뿐인 것 같았다. 스스로를 볼품

없게 바라보는 태도는 나를 점점 더 극단으로 몰고 갔다. 누가 시켜서 억지로 말을 해야 하는 순간이 아니라면 한마디 말도 꺼내지 않을 때도 많았다. 그런데 왜 이리 대학에는 토론할 일이 많은지, 한번은 독서토론을 주관했던 한 선배가 두세 달 내내 한마디도 하지 않던 내게 이런 말을 했다. "경숙이는 우리 독서 모임이 의미가 없나 보네." 그게 아닌데. 나는 말을 못하는 걸까, 아니면 생각을 못하는 걸까? 아니면 둘 다인가? 맞든 틀리든 자신감이 없나? 독서가 부족했던 걸까? 그런 생각을 안고 집으로 돌아올 때면 바닥이 푹 꺼져 들어가는 듯 참담한 기분이 들었다.

내가 나를 점점 더 작게 구기고 접으며 낮추는 게 습관이 되어가는 동안 자의식만 비대해지고 있었다. 그런 태도로 28년을 살았다. 캠퍼스커플이었던 남자친구가 "직장생활을 할 수는 있겠어?"라고 걱정할 정도였으니까. 대학을 마치고 의류회사에서 1년 동안 짧게 직장생활을 하다가, 남자친구와 결혼식을 올린 뒤 미국으로 유학을 떠나게 됐다. 하지만 내 소심함과 수줍음은 미국에서 언어 장벽을 만나 더욱 악화되었다. 한국말로도 자기표현을 잘 못하는 사람이, 안 되는 영어로 갑자기 다른 사람이 될 리 만무했다. 그러다 스물아홉이 되던 해, 나는 문득 의문이 들었다.

나는 왜 스스로를 사랑할 수 없을까? 이러지도 저러지도 못한 채 스스로의 모습을 싫어하고만 있나? 나는 과연 이대로 타고난 내 성격을 탓하면서 서른을 맞이하고 또 그렇게 평생을 살고 싶은 것인가? 사람들은 스스로의 모습을 받아들이고 사랑해야 한다고들 말한다. 다른 사람 시선은 중요하지 않고, 진정한 내 모습을 사랑해야 한다고. 하지만 지금의 내 모습이 진정한 내가 아닐 거라는 의심은 하지 못한다. 나는 이보다 좀 더 나아가고 싶고 사람들에게 다가가고 싶은데 여전히 알을 깨고 나오지 못한 것 같은 그런 기분이 들었다. 그리고 지금 내 모습을 싫어하는 내 자신이 비참하게 느껴졌다.

나는 스스로에게 이런 질문을 던졌다. "인생의 3분의 1을 내가 싫어하는 모습으로 살았어. 평생을 이렇게 살고 싶어?"

답은 간단했다.

"아니. 안 돼. 절대."

나로부터의 탈주, '본 어게인' 프로젝트

그렇다면 스스로 무지하게 싫어하는 그 '나', 그것을 바꾸자. 그렇게 싫은 모습으로 근 30년을 살았으니, 나머지 인생은 내가 좋아하는 나의 모습으로 살아보자. 사람은 고쳐 쓸 수 없다지만, 안 되면 다시 태어나면 되겠지. 그래, 다시 태어나자!

몇 날 며칠을 밤잠을 설치며 고민하던 나는 과감한 결단을 내렸다. 일명 '본 어게인(born again)' 프로젝트를 시작한 것이다. 지금까지의 나를 다 버리자는 게 아니라, 내가 되고 싶은 나의 모습으로 '확장'하기 위한 프로젝트였다. 이 프로젝트의 첫 번째 단계는 바로 내가 되고 싶은 캐릭터인 미래의 나를 구체적으로 그려보는 것이었다. 소심하고 소극적이었던 내가 되고 싶은 나는 어떤 모습일까? 이 질문에 차근차근 답하며 본질적인 변화의 방향을 설정해보기 시작했다.

나의 답은 이랬다. '나와는 정반대의 사람이 되고 싶다.' 환한 인사로 사람들에게 먼저 접근하고, 친구뿐만 아니라 낯선 사람과도 만나고 대화하는 것을 일상으로 즐기면서 나만의 네트워크를 만들어내는 사람. 내가 30년 동안 세상에서 제일 부러워하던 그런 사람 말이다.

그다음 선택은 바로 새로운 환경으로 나 자신을 옮겨놓는 일이었다. 다시 태어날 수 있는 환경을 조성하기로 한 것이다. 나는 타인의 시선에 민감하고 쉽게 위축되는 성격이니, 흔들리지 않고 새 출발을 하려면 이전의 내 모습을 기억하는 사람이 하나도 없는 곳이 필요했다. 30년을 말도 숫기도 없이 살던 내가 어느 날 갑자기 세상을 휘젓고 다녀도 '너 오늘 좀 이상하다' 혹은 '너 미쳤니?'라고 생각하는 사람이 없는, 아주 새로운 곳.

이 말은 곧 당시 유학생활을 함께하고 있던 남편과의 일시적 별거를 의미하는 것이었다. 떨어져 있으면 내가 포기하고 싶을 때마다 그에게 기대고 싶은 마음을 원천봉쇄할 수 있겠지. 나는 남편과 물리적으로 너무 멀리 떨어지지 않으면서도 가장 빨리 MBA 과정을 마칠 수 있는 학교를 고르고 골라 네브래스카대학교 링컨(University of Nebraska, Lincoln)을 선택했다. 기숙사 생활도 할 수 있고, 성적이 좋으면 학점을 추가로 들으면서 1년 만에 5학기로 석사과정을 마칠 수 있으니 주머니 사정이 여의치 않은 유학생에게도 딱이었다.

처음 이사했을 때, 나는 일종의 '절대적인 자유'를 느꼈다. 마치 여행길 낯선 장소, 낯선 사람들 사이에서 평소답지 않은 행동을 하거나 나도 모르게 과감해지는 것처럼, 우리는 때로 나의 정체성이나 타고난 성격 같은 것을 떨쳐버릴 계기를 기다리고 있는지도 모른다. '나'라는 족쇄를 끊고 내가 그어놓은 선과 제약을 훌쩍 넘어버리는 그런 계기. 새로운 환경 앞에서 불안한 마음보다는 원하는 대로 변화한 내 모습을 상상하며 설레고 벅차올랐다.

새로운 내가 되기 위한 체크리스트

물론 30년간 고착된 나의 성격이 하루아침에 바뀔 리는 없었다. 삶의 매 순간, 하루하루의 일상이 바뀌지 않으면 아무것도 바뀔 수 없다는 걸 나는 알고 있었다. 나쁜 습관 하나 바꾸는 것도 어려운 마당에 타고난 나를 확 바꾸는 데는 더 오랜 시간과 노력이 필요하다. 수많은 자기계발서에서 말하듯, 결심과 결단은 누구나 할 수 있지만 그 결과를 내는 건 실행뿐이다.

나는 내가 설정한 방향성에 따라 실현 가능하면서도 간단한 다음의 수칙을 세웠다. 첫째, 2인 1실 기숙사 생활을 하면서 기숙사 친구들과 적극적으로 사귀기(먼저 인사하고 밥 먹으러 가자고 하기!). 둘째, 모든 수업 시간에 손 들고 발표 혹은 질문하기. 셋째, 팀 프로젝트에서 발표 맡아서 하기. 그리고 넷째, 매일 운동하기.

'이 네 가지는 어떤 일이 있어도 매일매일 지킨다.' 새로운 내가 되기 위한 일종의 체크리스트였다. 간단하지만 내가 처한 환경에서 매일 도전해볼 만하고, 정작 30년 동안 살면서 한 번도 제대로 해보지 않았던 것들을 습관으로 만들기 위함이었다. 나는 바로 기숙사 방문을 열고 나가 다른 방문을 바쁘게 두드리고 다니면서 동료 학생들에게 나를 소개했다. 점심, 저녁을 같이 먹을 친구, 그리고 조깅 친구가 생겼다. 과거의 그 얼굴 붉은 아이가 머리를 내밀 때마다 나는 더 이상 수줍어하고 자신감 없는 사람이 아니라 완전히 다른 사람이 되었다고 스스로에게 주문을 걸었다.

다른 내가 되기 위해 필요한 건 오로지 '부지런함'뿐이었다. 내가 만든 체크리스트에 따라 기숙사 친구들에게 먼저 말을 걸고 대화를 시작하려면, 하다 못해 질문거리라도 미리 만들어놔야 한다. 두 번째 원칙에 따라 수업 시간에도 질문이나 발표를 하려면 철저한 예습 복습은 필수이고, 세 번째 원칙에 따라 한 학기에 5~6개가 동시에 돌아가는 팀 프로젝트에서 안 되는 영어로 발표를 맡아 하려면 스크립트를 만들어 통째로 외워야 한다. 대부분이 영어 원어민인 다른 학생들에게 민폐가 되지 않으려고 기를 쓰고 공부했고, 교수님이 연구실에 계실 때면 수시로 찾아가서 말 한마디라도 더 걸었다. 그렇게 1년을 꽉 채워 내가 정한 네 가지 수칙을 매일매일 지키며 생활했다.

달리면 달릴수록 멀어지는 과거의 나

무엇이 나를 달라지게 했을까? 흥미로운 것은 본 어게인

프로젝트에서 가장 중요한 단계가 바로 매일 운동하기였다는 점이다. 30년간 운동 한 번 해보지 못한 몸이니 처음 조깅을 시작했을 때는 다리에 쥐가 나고, 숨이 차올라 명치가 찢어지는 것 같은 고통도 느꼈다. 그런데 신기하게도 허벅지 힘으로 지면을 박차 오르고 뱃심으로 가쁜 숨을 버텨내고 나면, 스스로 느끼는 존재감이 커지고 목소리에 힘이 실렸다. 육체의 피로나 고통과 비례한 만큼 내면의 자신감이 차오르는 것 같았다.

체력이 차오르니 고3 때보다 잠을 적게 자며 공부하는데도 지칠 줄을 몰랐다. 어느덧 교수님은 "로이스가 질문하지 않아서 수업을 못 끝내겠는데요?"라고 말할 정도로, 나를 매사에 적극적인 사람으로 기억하고 있었다. 더 이상 사람들을 만나는 일도 피곤하지 않았다. 온종일 사람들과 부대끼면서도 조금도 지치지 않는 내 모습에 나도 놀랄 정도였다. 그저 바지런만 떨면 나도 내 자신을 좋아하게 될 수 있구나. 나를 좋아하게 되는 일도 꾸준히 습관으로 만들면 되는 거였구나. 서른 살에 이런 나의 모습을 처음 보게 된 것이다. 달리면 달릴수록 과거의 싫어했던 나는 점점 더 멀어졌고, 내가 지나온 거리만큼 삶은 긍정을 향하고 있었다.

난 나의 지독한 성실함이 늘 창피했다. 그런데 내가 자의식의 문을 열고 세상 밖으로 나아갈 수 있도록 등 떠밀어준 힘이 바로 그 한결같은 꾸준함에 있었다. '눈떠 보니 새로운 세상이다' 같은 건 없다. 우리 일상은 복사 용지와 같다. 복사 용지의 두께는 얇지만 100장이 묶여서 다발이 되고, 다발이 모여서 박스를 채우고, 박스가 쌓여서 한쪽 벽면을 가득 메우게 된다. 그 한 장 한 장을 오늘 쌓는 것이다. 하루하루, 묵묵하게, 조금씩 조금씩. 그러면 어느덧 쌓인 압도적인 실력과 그 결과물들이 눈에 들어올 것이다.

반전은 매일의 작은 성취에서 시작된다

무언가를 바꾸는 것은 어렵다. 특히나 자신을 바꾸는 일은 더 어렵다. 하지만 불가능하지는 않다. 변화를 필사적으로 갈망하며 자신이 바라는 모습을 머릿속에 구체적으로 그려볼 수 있다면, 그리고 이를 위한 노력을 기꺼이 받아들일 의향이 있다면, 단순한 실천 수칙을 만들어 딱 1년만 전념해보라. 그 수칙은 쉽고 단순할수록 좋다. 그리고 반복적으로 실천할 수 있어야 한다. 그렇게 매일매일 반복하다 보면, 당장은 몰라도 1년 뒤에 바뀌어 있는 내 모습을 보고 깜짝 놀라게 될 것이다. 그리고 이 1년은 남은 인생을 달리 살게 하는 반전의 첫 장이 될 것이다.

그래서 나는 뼛속까지 완전히 다른 사람이 되었느냐고? 여전히 가슴 깊이 어느 한구석에서는 매 순간 소심함과 치열하게 싸우고 있다. 하루에도 수십 명이 넘는 사람들과 만나고, 주말마다 회사 동료들과 백패킹을 즐기고, 스피치 동호회에서는 운영임원까지 맡고 있지만, 처음 만나는 사람 앞에서 내 이야기를 해야 할 때에는 여전히 가슴이 쿵쾅댄다. 하지만 이제 나는 그 싸움에서 승리하는 방법을 잘 안다. 하루하루 충실하게 쌓아가는 시간들이 가져온 변화를 직접 실감했고 그 과거가 지금의 나를 든든하게 뒷받침하고 있기 때문이다.

미국의 소설가 제이슨 모트는 이런 말을 했다. "가치 있는 일에는 시간이 걸린다. 아마도 그것이 시간이 하는 역할일 것이다." 시간은 당신을 배반하지 않는다. 그 시간을 믿고 계속하면, '가장 좋아하는 나'가 되는 일은 생각보다 어렵지 않다.

CHAPTER 3

검도 14년, 빛처럼 빠르게 져도 다시, 또

그날은 비가 세차게 내렸다. 나는 여느 날처럼 새벽같이 일어나 검도장으로 향했다. 날씨가 궂어서인지 관원들이 몇 보이지 않았다. 연습을 하고 있는데, 검도장 천장에서 물이 뚝뚝 새기 시작했다. 이게 웬일인가 싶은 순간 갑자기 물줄기가 굵어지고, 검도장 바닥에 점점 물이 차오른다. 서둘러 연습을 마무리하고 샤워장으로 갔다. 샤워장 역시 물바다가 되어 있다. 어쩌지…… 망설일 새도 없이 검도복을 입은 채로 가방을 챙기고 서둘러 지하를 빠져나왔다. 밖은 이미 아수라장이었다. 주차장에는 물이 무릎 위까지 차올라 차를 몰 수 없는 상황, 어쩔 수 없이 차를 두고 회사가 있는 역삼역으로 걸어가기로 한다.

생각해보라. 물이 허리까지 차오른 강남역 사거리에서 짙은 남색 검도복을 입고 활보하는 여자. 사람들 시선이 느껴지고 폭 넓은 검도복 바지가 물에 젖어 치렁치렁 다리에 감기지만 개의치 않고 물길을 가르며 힘차게 한 발 한 발 걸어나갔다. 문제는 회사에 도착해서였다. 내 차림새에 화들짝 놀라는 리셉션 직원의 시선을 뒤로하고 재빠르게 엘리베이터로 뛰어 들어간다. '제발 엘리베이터에 사람이 없기를, 제발!' 간절히 기도하면서. 하지만 내 바람과는 정반대로 스무 명에 가까운 사람들이 엘리베이터에 가득 차 있다. 아아, 심지어 아는 얼굴도 있다.

"어, 검도장에 물난리가 나서……." 소곤거리듯 변명했다. 어서 사무실에 당도하기만을 바라면서 올라가는 층수에 시선을 고정시킨다.

딱 3분만 버텼으면 좋겠다

구글 안에서 "로이스!" 하면 "검도 하는 사람?"이라고 할 정도로 검도는 지난 14년 동안 나의 상징처럼 되어버린 운동이다. 나는 마흔 살이 되던 해에 검도를 시작해 쉰 살에 검도 4단을 땄다. 부끄럽지만 사범이라고도 불린다. 다들 묻는다, 다른 운동도 아니고 왜 검도를 선택했냐고. 이유는? '쿨해 보여서'다. 동료나 친구들이 요즘 무슨 운동 하냐고 물어봤을 때 "헬스장에 다녀요", 혹은 "달리기 해요"라고 말하는 것보다 "검도 해요"라고 말하면 반응이 확 달라지니까.

새벽잠이 별로 없는 나는 근 10년 동안 아침마다 가장 먼저 도장에 도착해서 잠긴 문을 따고 안으로 들어가 불을 켰다. 한겨울이면 얼음장 같고 또 한여름이면 습기로 끈적끈적해진 도장 마룻바닥을 닦는 일로 하루를 시작했다. 나에게 이건 일종의 리추얼(의식) 같은 것인데, 하루를 준비하는 의식이기도 하고, 배려를 훈련하는 의식이기도 하다. 그러고 나서 한 시간 반 동안 관원들과 어울려 열심히 운동을 하고 나면 한겨울에도 온몸이 땀으로 흠뻑 젖는다. 매일 뜨거운 열기 속에서 운동을 마치고 나면 모든 관원은 두 손을 모으고 묵상으로 마무리를 한다. 묵상은 그날의 연습을 되새기고 들뜬 마음과 몸을 차분히 가라앉히는 시간이다. 나는 검도하는 이 모든 순간을 사랑한다.

그런데 검도 실력은 검도를 사랑하는 나의 마음을 전혀 따라오지 못한다. 검도장에서의 자칭 타칭 별명은 '전광석화'. 나비처럼 날아서 벌처럼 쏘는 그런 전광석화 같은 공격력을 칭찬하는 별명이라면 참 좋겠지만, 안타깝게도 너무

GAME
OVER

빠르게 경기에 져서 만들어진 별명이다. 구 대회, 서울시 대회, 전국 대회 등 수많은 대회에 나가보면 대부분의 시간을 기다리며 보내게 된다. 다른 조 경기가 끝날 때까지 서너 시간은 기본으로 기다려야 한다.

그런데 그렇게 맘 졸이며 기다린 시간이 무색하게 내 경기는 시작 30초 만에 끝나버린다. 2점 딱 맞고 전광석화처럼 지고 제자리로 돌아오는 것이다. 아침 일찍 집을 나서서 오후가 되어야 끝나는 대회에서 내 시합 시간은 고작 30초. 그래서 내 목표는 대회 우승이 아니라, "무조건 3분을 버틴다!"가 되었다.

잘하고 싶은 마음이 포기를 부른다

1년을 해도 늘지 않는 것 같고, 3년을 해도 늘 제자리인 듯한 이 느낌. 머리로는 이해되지만 몸이 안 따라줄 때는 내가 왜 운동을 하면서 스트레스를 받아야 하는가, 혹은 자신감을 잃게 하는 운동을 계속해야 하나…… 회의감이 들기 마련이다. 다른 사람도 마찬가지였을까? 검도장에 다니면서 3개월, 6개월 만에 그만두는 사람을 많이 봤다.

관장님이 종종 이런 말씀을 하셨다. "검도를 가르치기 가장 어려운 신입 회원들이 바로 사회적으로 성공한 사람들입니다. 학생들이나 젊은 사람들은 오히려 첫 1년을 잘 넘기는데 사회에서 소위 잘나가는 임원들은 잘 버티지 못합니다. 운동을 새롭게 배울 때 갖게 되는 어설픔, 혹은 실패자가 되는 느낌을 견디지 못하기 때문입니다. 또 잘하지 못하는 모습을 보여야 하고, 시간을 들여도 성과가 바로바로 나타나지 않는다고 느끼게 되면 금방 그만두고 포기합니다."

아마도 '나는 뭐든지 잘하고 어디서든 인정받는데, 새로운 운동만큼은 못한다'는 사실을 쉽게 받아들이지 못하기 때문은 아닐까. 빠른 승진으로 승승장구하던 하이퍼포머가 운동에서는 학습부진아가 되어버린 처지를 받아들이지 못하는 것이다. 남들보다 앞서나가지는 못할망정 아무리 노력해도 안 될 때 기분은 생각보다 처참하다. 게다가 나보다 늦게 배우기 시작한 젊고 건강한 사람들이 실력으로 앞서나가기 시작할 때는 더더욱 그렇다.

구글 최고령, 내 나이가 어때서

구글에서 한 해 한 해를 정신없이 보내는 동안 나는 나이 랭킹의 상위권도 갱신하고 있었다. 마침내 최고령자 그룹 혹은 최장기 근속자가 되어버렸을 때, 어느 순간 사무실에 선배보다 후배가 더 많아졌을 때, 문득 그런 생각이 들었다. '내가 이 나이까지 이 자리를 차지하고 있어도 되는 걸까?' 그도 그럴 것이, 구글코리아에서 근무하는 12년 동안 사장이 세 번 바뀌었고 내 직속 상사인 아시아태평양(아태) 지역 커뮤니케이션 총괄도 다양한 배경의 사람들로 네 번이나 바뀌었다. 모두 좋은 사람들이고 자타가 인정할 정도로 능력이 뛰어난 분들이지만, 나보다 어린 사람들이 높은 자리에 오르는 것을 볼 때면 '나는 왜 안 되나' 하는 생각이 왜 안 들었겠는가. 미국에 와서는 상황이 더하다. 내 동료 그룹에 있는 다른 디렉터나 디렉터 위의 VP(부사장, Vice President)들도 대부분 (사실 전부) 나보다 나이가 적으니까 말이다.

하지만 그렇게 비교하자면 끝도 없고, 나이를 이유로 스스로에게 제약을 거는 순간 모든 말과 행동에 브레이크가 걸리기 시작한다. "이 나이에 그런 것까지 해야 하냐"라는 말이 습관처럼 나올 때쯤이면 이제 더 이상 설 자리가 별로 없다는 걸 실감하게 된다.

내 나이가 생각날 때마다 나는 검도의 겸손을 떠올린다. 검도에서는 나이도 경력도 실력 앞에서 무력하다. 실제로 검도 연습을 마무리할 때면 고단자 사범에게 1대 1로 다가가 인사를 나누고 대련을 복기하는 과정을 거친다. 고단자 사범들은 대련한 사람들 한 사람 한 사람과 주고받은 칼을 모두 복기하면서 세심하게 코멘트를 해준다. 이때 머리가 희끗희끗한 50~60대 연습생들이 20~30대 팔팔한 청년들 앞에 무릎을 꿇고 앉아 있는 풍경이 펼쳐지곤 한다. 나이 든 연습생들은 진지한 태도로 청년 고단자들에게 궁금한 것이나 고칠 점에 대해 질문을 한다. 실력 앞에서는 나이도 경력도 승복할 수밖에 없다는 사실을, 이 시간에 되새기게 되는 것이다.

겸손이라는 뜨거운 열정을 배우다

검도 1단이었을 때, 일본을 방문해 검도 8단 선생님을 만난 적이 있다. 그는 수많은 선수들을 지도하는, 일본에서도 아주 유명한 분이었다. 그는 한국에서 방문한 나와 관장님을 위해 지하철을 몇 번이나 갈아타고 나가서 손수 장을 보고, 채소와 생선을 손질해 요리를 해주셨다. 요리하는 내내 다른 일본 선수들조차 부엌에 들어오지 못하게 하셨다. 그는 '벼가 익을수록 고개를 숙인다'는 격언처럼, 8단의 대우를 받으려고 하기보다 본인이 모든 수고를 마다하지 않는 겸손한 태도가 몸에 배어 있었다. '아, 저런 사람이 되어야지.' 그와의 만남 이후 나는 평생 검도를 하며 살겠다는 다짐을 했다.

자신(마음)을 낮추며 상대방을 인정하고 높이는, 욕심 없는 마음 상태를 겸손이라고 한다. 자존감과 자기 피알이 중요한 시대에 겸손을 강조하는 게 시대착오적이라 생각하는 사람도 있다. 자기를 낮추면 다른 사람들도 나를 얕잡아 보게 될까 두렵기도 할 것이다. 하지만 매일같이 마룻바닥을 닦으며 함께 땀 흘리는 사람들의 하루를 응원하고, 매일 똑같이 반복되는 훈련을 묵묵히 견디면서, 비록 패배하더라도 몸과 마음이 흔들리지 않고 깨끗이 승복하는 이의 '겸손'은 다르다. 그 누구에게도 지지 않을 만큼 강한 실력을 가지더라도 내일이면 다시 새벽같이 일어나 기본으로 돌아가는 태도. 그런 겸손이야말로 삶과 세상에 대한 가장 뜨거운 열정이 아닐까. 이런 뜨거운 마음을 잊지 않는 사람이 되리라 오늘도 다짐한다.

3년 전 미국에 오자마자 가장 먼저 알아본 것이 검도장이었고, 팬데믹 재택령 기간을 제외하곤 계속 검도를 이어가고 있다. 얼마 전 북캘리포니아 지역 여성 검도인의 합동 훈련에 참가해 정식으로 시합 연습을 했다. 3단 선수와 맞붙었다. 뱃속에서 우러나오는 기합으로 기선 제압을 하고 공격과 방어를 맞받아치며, 시합을 이끌어나갔다. 나와 상대 모두 기진맥진해졌을 때, 3분이라는 시간이 지났다는 종료음이 들려왔다. 물론 1점도 따지 못한 무승부였지만, 전광석화의 패배는 아니었으니 퍽 만족스럽다.

CHAPTER 4

하고 싶었던 그 일이 당신을 힘들게 한다면

때는 2009년, 구글코리아 컨트리 마케팅 매니저 자리가 갑작스럽게 공석이 되어 한동안 내가 마케팅과 커뮤니케이션을 동시에 총괄하게 되었다. 오랫동안 공석으로 남겨둘 수 없는 자리인 데다 내가 마케팅 경험이 있다는 이유로 결정된 사안이었다. 당시 글로벌 커뮤니케이션 총괄인 레이첼 웻츠톤(Rachel Whetstone) 부사장은 의사결정 과정에서 내게 신신당부를 했다.

"로이스, 싫으면 안 해도 돼요. 다만 기회라고 생각해요. 한번 해봤으면 좋겠어요. 마케팅과 커뮤니케이션을 한 사람이 모두 맡는 사례는 전 세계 최초니까요. 그러니 두려워하지 말아요. 너무 힘들 때는 이제 그만하겠다고 제게 언제든 말해요. 그러면 언제든지 그만둘 수 있어요."

레이첼 총괄 부사장 바로 위가 구글 창업자이자 CEO인 래리 페이지(Larry Page)였으니, 그의 조언과 지시가 가지는 영향력은 상상 이상이었다. 내가 가장 존경하는 리더로부터 인정받는다는 게 기뻤다. 그리고 그의 판단에 전적인 신뢰를 갖고 있던 터라 그 제안을 기꺼이 받아들였다. 그렇게 2년 가까이 구글코리아의 마케팅과 커뮤니케이션을 동시에 총괄하게 되었다.

그토록 하고 싶었던 일이었는데

처음에는 최초라는 타이틀이나 회사의 기대에 부응하겠다는 마음 때문에 모든 일이 즐거웠다. 당시만 해도 구글 초창기였기에 아직 팀원이 많지 않은 상황이라 할 일이 많아도 너무 많았다. 통상적인 커뮤니케이션 총괄 업무도 하면서 새로 떠맡은 마케팅 총괄의 업무는 기존 업무량의 두 배가 아니라 서너 배에 달했다. 매달 론칭해야 하는 제품과 서비스들이 쏟아졌고, 당시 국내에서 인지도가 낮은 구글 검색을 알리는 일 역시 갈 길이 멀었다.

마케팅 캠페인은 물론이고 밖으로 드러나지 않는 일들도 산적해 있었다. 마케팅 컨트리 매니저의 업무 가운데 보이지는 않지만 가장 중요하면서 가장 시간이 많이 드는 일은 사용자가 보는 모든 웹사이트를 최종적으로 리뷰하는 업무였다. 제품 페이지는 물론 도움말 페이지까지 샅샅이 보고 리뷰 승인을 하지 않으면 제품 론칭을 할 수가 없는데, 작은 제품, 기능 하나에도 따라오는 페이지가 수십에서 수백 페이지에 달했다. 근무시간에는 양 팀을 오가며 이런저런 회의에 참석하다 보면 하루 일과가 다 끝나고, 저녁을 먹으면 그때부터 진짜 '일'이 시작되었다. 새벽잠을 쫓으며 남은 일을 처리하는 날들이 매일같이 이어졌다.

이 모든 일을 리드하는 2년의 시간 동안 나는 겉으로, 속으로 바싹바싹 말라가고 있었다. 밤 12시 퇴근은 예사고 새벽 1시를 넘어서는 경우도 많았다. 하루 수면 시간은 겨우 두세 시간에 불과했고, 주말도 예외는 아니었다. 지칠 새 없이 일했지만 구글 검색 점유율은 한 자릿수에서 올라갈 줄을 몰랐다. 스트레스가 이만저만이 아니었다.

하고 싶고 이루고 싶은 기대치에 비해 결과가 나오지 않는다는 이유도 있지만, 나를 가장 힘들게 한 것은 크게 봐야 하는 커뮤니케이션과 깊게 봐야 하는 마케팅이 그 팀의 문화와 활동의 방향성이 서로 다르다는 점이었다. 같은 회사에 소속되어 있지만 각 팀을 리드하는 리더십의 모습도 달랐다. 이렇게 서로 다른 조직을 서포트하는 생활에 진이 빠지기 시작했다. 뭘 하든 120%의 결과를 내야 직성이 풀리는 성격에, 두 조직을 운영하면서 내가 생각했던 것만큼의 성과가 나지 않았고, 나 역시 회사의 기대에 부응하고 있다는 생각이 좀처럼 들지 않았다. 하루하루가 고통스러웠다.

그리고 결단의 순간이 다가왔다. 점점 커지는 구글코리아에서 성장하는 두 팀을 혼자 총괄하는 것은 모두에게 장기적으로 부정적인 영향을 미칠 수 있다. 무엇보다 내가 일을 이끄는 게 아니라 일이 나를 이끌고 있었다. 이렇게 주도권을 잃고 일에 질질 끌려다니는데 개인적인 성장을 돌아볼 여유가 생길 리 없었다.

저 이제 더 이상 못 하겠어요

그렇게 고민을 이어가던 어느 일요일 저녁, 여느 때처럼 일을 하던 나는 갑자기 폭발하고 말았다. 월요일에 출근하는 것이 싫어진 것이다. 거짓말 같겠지만 난 늘 월요일을 기다려온 사람이었다. 회사에 가서 동료를 만나고 일을 하는 게 너무 즐거워서 주말을 빨리 끝내고 싶어 했던 내가, "저는 월요일이 기다려져요"라고 공공연히 말해서 팀원들로부터 면박을 받고는 했던 내가 월요일 출근을 두려워하게 된 것이다.

갑자기 눈물이 쏟아졌다. 책상 위에 노트북을 켜놓은 채 엎드려서 소리 내며 엉엉 울었다. 내가 어쩌다가 이렇게 되었을까. 나는 이런 사람이 아니었는데, 분명 내가 좋아하는 일을 하고 있는데 대체 왜 이럴까? 그렇게 한동안 울다 보니 터져 나오는 내 감정이 나에게 신호를 보내고 있는 것 같았다. 포기하면 지는 것이라는 생각에 끈질기게 이어나가려고 했지만 이제 손을 놓을 때가 되었다고 말이다. 엉엉 울면서도 생각은 점점 더 또렷해졌다. 지난 2년간 원 없이 열심히 했다. 그러나 이젠 더 이상 못 하겠다. 둘 중 하나를 놓아버리자.

고민은 길지 않았다. 한 시간 뒤, 총괄 VP 레이첼에게 채팅을 걸었다. "하이 레이첼."

미국 시간상 일요일 새벽이었는데도 2초도 되지 않아 답이 왔다. "무슨 일이에요? 괜찮아요? 내게 전화해줘요."

와, 귀신같은 레이첼. 나는 바로 전화를 걸었다. 전화를 받자마자 "헤이 로이스, 괜찮아요?"라고 다정하게 말하는 레이첼의 목소리에 겨우 그쳤던 울음이 다시 터져 나왔다.

"레이첼, 예전에 그랬죠? 그만두고 싶으면 언제든 그만둬도 된다고요. 기억하시나요?"

레이첼은 답했다. "물론이지요!"

"지금이 그때인 것 같아요. 저 이제 더 이상 두 부서 일을 함께는 못 하겠어요. 커뮤니케이션만 할래요."

내 말에 레이첼은 아무 질문도 하지 않았다. 그리고 말했다. "오늘부터 그만둬도 돼요. 제가 내일 마케팅 VP에게 말할게요. 걱정 마세요. 나랑 전화 끊으면 당장 노트북 닫고 산책 갔다 오세요."

마흔이 훌쩍 넘은 매니저가 전화를 붙들고 오열하는데, 레이첼은 당황하기는커녕 핵심을 바로 짚고 쿨하게 해결책을 제시했다. 냉철한 지식과 인사이트를 가진 리더로 정평이 난 그를 평소 흠모했는데, 그날부터 나는 인간적인 레이첼의 모습에 푹 빠졌다. 30여 년의 직장생활에서 유일하게 매니저 앞에서 운 사건이었다. 다음 날, 나는 다시 풀타임 커뮤니케이션 총괄로 돌아왔다. 오랜 방황이 끝난 듯한 기분이었다.

세상은 우리로 하여금 '포기'에 대해 극단적인 두려움을 가지게 만든다. 세상 어느 자기계발서를 봐도 쉽게 포기하라고 말하는 책은 없다. 포기하면 낙오하고 실패한 사람처럼 스스로를 자책하게 만든다. 그런데 중요한 건 포기하느냐 마느냐가 아니라 어떻게 포기하느냐다. 나는 내가 걸어온 길 중 하나를 놓아버렸지만 그것이 포기라고 생각하지 않았다. 내가 어떤 일을 하고 있을 때 행복한가, 신나는가를 생각하니 의사결정은 매우 간단했고, 그 결정에 후회가 없었다. 중도에 포기했다는 열패감은 이제 내가 가야 할 길을 온전히 찾았다는 기쁨보다 크지 않았다. 2년 동안 누구도 하지 못한 일을 내가 해보았다는 데 자부심을 갖자고 스스로에게 말했다. '기를 쓰고 최선을 다했다. 내가 할 만큼 했다. 그러니 후회하지 말자.'

지금 그 일이 당신을 행복하게 하는가

살다 보면 죽어라 하고 싶었던 일이 어느 순간 죽도록 하기 싫은 일이 되어버리는 때가 온다. '그렇게 하고 싶었던 일인데 내가 왜 이럴까?' 이런 생각이 들 땐 주변 사람들에게 자신의 고충을 토로하기도 어려워진다. "네가 원해서 선택한 길이잖아. 배부른 소리 하고 있네!"라는 반응이 돌아오기 십상이기 때문이다. 정말 내가 이 일을 사랑하지 않게 된 걸까? 열정이 사라진 걸까?

많은 후배가 퇴사나 이직을 고민할 때 내게 이렇게 말한다. "이 일이 제가 정말 가야 할 길인지 모르겠어요. 일에 열정이 없어요." 흔히 자신이 열정을 가질 수 있는 분야를 찾고, 그 분야에 필요한 역량을 계발하는 것이 커리어 내비게이션(career navigation)이다. 쉽게 말해 열정이 가리키는 곳을 향해 갈 때 커리어 내비게이션은 성공한다. 문제는 우리가 느끼는 열정이 매일 같은 레벨로 유지되기 어렵다는 사실이다. 왜냐면 우리는 사람이니까. 매일 하는 일을 매일 같은 레벨의 열정으로 해낸다는 건 사이보그나 가능한 일이다.

가장 중요한 건 스스로에 대한 정확한 판단을 내리는 것이다. 내가 이 일을 하기 싫은 이유에 대해 솔직해져야 한다는 의미다. 그냥 적성에 안 맞아서라는 간편하고 명확한 이유도 있다. 그리고 상사나 동료 때문에, 일이 너무 반복적이고 지겨워서, 매너리즘에 빠져서, 진짜 하고 싶은 일이 생겨서…… 이유는 다양하다. 만약 이 일이 하기 싫어진 이유를 명확히 알고 있다면 그건 참 다행이다. 망설이지 말고 결단을 내린 뒤 지금 당장 원하는 일을 시작하면 되니까. 하지만 대부분은 지금 이 일이 하기 싫은 이유도, 그만둔 뒤 하고 싶은 일도 명확하지 않고 그냥 열정이 식은 것이다.

일에 대한 권태, 지겨움 같은 감정만 남아 있는 보어아웃 상태일 때는 제일 먼저 그런 감정을 만드는 상황에 집중하고 그 감정을 떨쳐버릴 방법을 찾아야 한다. 지금 당장 힘들다고, 상사가 말도 안 되게 치사하게 군다고, 기분 내키는 대로 절대 그냥 그만두지 말고 다른 일을 병행하면서 내가 무엇에 열정을 갖게 되는지 냉정하게 판단하는 시간을 갖는 것이다. 그래서 보통 내가 주는 조언은 업무를 '확장해 보라'는 것이다. 지금보다 더 일을 하라고? 말만 들어도 골치가 아플 것이다. 내 말은 인형 눈알을 다는 일을 지금까지 100% 해왔다면, 그중 20% 정도는 인형 팔을 다는 일을 해 보면서 시선을 돌려보라는 것이다. 이는 하고 있던 일에서 한 발 떨어져서 자기에게 필요한 일을 탐색하는 과정이다.

혹은 내 능력을 다른 분야에 쏟으며 자존감을 찾을 수 있는 '열정 프로젝트'를 시도해볼 수도 있다. 열정 프로젝트는 봉사활동이나 사회 기여 활동을 통해 마음을 채우고 거기서부터 죽은 열정의 불씨를 되살리는 나만의 사이드프로젝트다. 에너지가 없다고 늘어져 있으면 오히려 근손실이 생기듯이, 마음의 체력 역시 약해질 수밖에 없다. 더 이상 지금 하고 있는 일에 흥미도 새로움도 없다면, 스스로 가치 있다고 생각하는 일을 찾아서 짬을 내 시도해보라. 마음이 조금이라도 뿌듯하고 충만해지는 기분이 들면 삶에도 활기가 돌기 시작한다.

가장 오래 타는 열정의 땔감 찾기

내가 무엇을 할 때 신나는지, 무엇을 할 때 성장한다고 느끼는지 자기보다 자신을 잘 아는 사람은 없다. 마지막으로 권하고 싶은 건, 무엇이 나의 열정을 가장 오랫동안 유지시켜주는지 가장 오래가는 땔감을 찾아보라는 것이다.

얼마 전 마운틴뷰 화장실 한쪽 벽에 쓰여 있는 (짬날 때 보라고 커리어와 웰빙에 관한 내용을 '화장실에서 배우기(Learning on the Loo)'라는 게시판에 게시한다) 글귀가 우연히 눈에 들어왔다. '헤도닉 적응(Hedonic Adaptation)' 현상, 즉 행복(쾌락) 적응 현상에 관한 내용이었는데, 이런 것이다. 내가 좋아하는 일을 하면서 행복지수가 올라가도 시간이 지나면 다시 일정 수준으로 그 행복지수가 떨어진다. 부정적인 일을 겪어서 행복지수가 떨어지는 경우에도 마찬가지다. 시간이 지나면 하락했던 지수가 다시 일정수준으로 회복되려는 경향을 보인다. 큰 행복이든 큰 불행이든, 우리의 심리는 결국 중립적인 위치로 돌아오려는 항상성을 지닌다는 의미다. 일상의 행복을 좌우하는 중요한 요소인 열정 역시 이 헤도닉 적응에서 자유로울 수 없다.

그런데 어떤 것들은 좀 더 더디게 중립적인 위치로 돌아온다. 새로운 일, 승진, 타인의 인정, 연봉 인상 등 우리의 열정에 불을 지피는 다양한 요인 중에서 어떤 것이 더 오랫동안 열정을 식지 않고 유지되게 만들 수 있을까? 마음의 온도를 유지하는 땔감은 저마다 다르다. 하지만 내가 자신 있게 말할 수 있는 건 대부분의 사람들은 내가 결국 스스로 이루고자 하는 내적 동기를 바탕으로 무엇을 성취했을 때, 그리고 그로 인해 내가 계속 성장하고 있다고 느낄 때 열정을 더 오래 유지한다는 것이다. 또 내가 원하는 가치관이나 신념을 향해 나아갈 때 열정을 더 오래 유지할 수 있다.

나 역시 수많은 낮과 밤을 내 커리어에 대해 고민하며 보냈다. 지난 30년간 커뮤니케이션과 마케팅을 오가며 내가 무슨 일을 할 때 더 열정을 느끼는지를 파악했다. 구글에서 보낸 15년 역시 '첫날(Day One)'의 열정을 어떻게 더 오래 오래 유지할 것인가를 고민하고 찾아다녔던 시간이었다. 물론 나도 20대 후반부터 30대까지는 연봉이 높고 이름 있는 직장에 더 끌렸다. 하지만 나이가 들수록 회사와 나의 가치관이 맞지 않으면 직장생활에 흥이 날 수 없다는 것을 조금씩 깨닫게 됐다. 그 고민의 끝에서 내가 찾은 열정의 조건은 바로 이것이었다.

'내가 하는 일이 임팩트를 만드는가?'

'매일매일 새롭게 배우고 있는가?'

'내가 계속 성장하고 있는가?'

'내가 하는 일이 나를 넘어 다른 사람들에게 도움이 되는가?'

이제 내 목표는 매우 심플하다. 좋은 리더가 되고 싶다. 같이 일하고 싶은 사람, 저 사람처럼 되고 싶다는 마음이 들게 하는 사람, 한 가지라도 배울 점을 주는 사람. 그것 이외의 다른 고민은 더 이상 나를 흔들지 못한다. 명확히 가야 할 길이 생기니, 더 이상 외부 요건에 흔들리기보다는 목표를 향한 방향성에만 몰입하게 된다. 이 생각만으로, 나의 매일 매일은 식지 않는 열정으로 가득하다.

지금 하고 있는 일이 너무 싫어 미칠 것 같다면, 그 일 때문에 다가오는 월요일이 너무도 두려워진다면, 감정의 늪에 빠져 허우적대지 말고, 빠르게 자신을 위한 해결책을 만들어보자. 포기하기 전에 해볼 수 있는 일은 너무도 많다. 무엇보다 중요한 건 자신이 무엇에 열정을 가지고 있는 사람인지 발견하는 일이다.

CHAPTER 5

마음이 움츠러들기 전에 저질러버려요

생각나면 바로 해치워버리는 성격 급한 나와는 달리 아들 필립은 매사에 느긋하다. 아무리 답답해도 되도록 잔소리는 하지 않는 편이었는데, 딱 한 번 잔소리를 한 적이 있다. 필립이 친구와 싸우고는 불편하고 쑥스러운 마음에 사과를 미루고 있었기 때문이다. "조금 있다가 할게, 엄마." 그렇게 말하면서도 표정이 좋지 않은 필립에게 이렇게 말해주었다. "필립, 쑥스러운 일은 빨리 해버릴수록 좋아. 그러면 쑥스러운 감정에 시달리는 시간이 줄어들거든."

머리와 발 사이의 간격을 제로로 만들기

그렇다. 쑥스러운 일은 빨리 해버려야 한다. 그러면 내 안의 망설이고 주저하기 좋아하는 트리플 A형의 소심함이 발동되는 것을 미연에 막을 수 있다. 무엇을 생각하고 실천하기까지 너무 오래 시간을 끌면 결국 안 되는 이유들만 더 많이 떠오른다. 안 할 핑계와 구실들을 찾게 되는 것이다. 사람 마음이 그렇다. 가령 많은 직원이 참여한 회의나 강연의 질의응답 시간을 떠올려보자. '아, 이거 궁금한데 질문해도 될까?' 하는 생각을 하는 순간 심장이 콩닥콩닥 두방망이질 치고, 질문 차례를 기다리면서 점점 더 긴장이 된다. 오히려 너무 많은 생각은 우리를 되레 움츠리게 만든다. 스스로에게 긴장할 여지를 주지 않도록 바로 손을 들고 저질러버리면, 이제 더 이상 긴장할 필요가 없게 된다.

나는 다른 사람에게 스스로를 소개할 때 '머리부터 발까지가 가장 가까운 사람'이라고 한다(키가 작다는 의미이기도 하지만……). 생각하면 바로 행동해야 하는 사람이라는 의미다. 회의가 끝나면 회의 결과에 따라 후속조치를 정리해서 보내는 것도, 여러 명이 좋은 책을 소개받아 같이 읽어보자는 얘기가 나오면 그다음 주에 책을 사서 읽는 사람도 나뿐이다. 가족이나 친구들끼리 휴가 일정을 같이 짜보자고 하면 그날 저녁 스케줄을 짜고 비행기와 숙소 예약을 마무리 해버린다. 휴일 아침 눈을 떴는데 '오늘은 바닷가에서 차 한 잔 할까' 하는 생각이 들면 곧바로 주차장으로 나가서 이미 1번 해안도로를 달리고 있다. 그만큼 생각이 떠오른 순간 바로 실행에 옮기는 행동력이 다른 사람들보다 (좀 심하게 매우) 높은 편.

하지 않으면 아무 일도 벌어지지 않는다

행동으로 옮겨지지 않는 생각은 아무리 좋아도 아무 의미가 없다. 스타트업에 투자하는 벤처 캐피털리스트들이 흔히 하는 말이 있다. "좋은 아이디어는 누구든 낼 수 있다. 프로토타입(prototype)을 만들어내는 것이 중요하다." 아이디어 그 자체보다는 그 아이디어를 낸 사람들의 신뢰성과 행동력이 투자 결정에 더 큰 영향을 미친다는 것이다.

꼭 생산성을 따지지 않더라도 생각과 실천 사이에 제로(0) 간격이 필요한 이유를 대라면 참 할 얘기가 많다. 제일 중요한 이유는 열정, 긍정적인 마음의 수명을 연장시킨다는 것이다. 우리 마음은 쉽게 끓어오르기도 하지만 또 그만큼 금방 식기도 한다. 어떤 계기로 열정이 솟아올랐을 때,

그때 바로 시작하면 그 열정을 이어가기가 훨씬 쉽다.

하고 싶은 마음이 들었을 때 시작한다면 이미 반은 성공한 것이다. 실천했고, 그만큼의 변화를 만들어냈으니까. 청소를 하고 싶다? 미적거리지 않고 바로 한다. 아프리카 말리의 유아 사망률에 관한 다큐멘터리를 보고 마음이 동했다? 그 자리에서 바로 기부금을 보낸다. '나중에 보내야지' 하면 금세 맘이 변해 돈이 아깝다는 생각이 들기 시작한다. 어떤 동기부여 강연을 듣고 '아, 그래 나도 영어 공부를 해야겠어!'라고 마음먹었다면 오늘 당장 시작한다. 안 그러면 영어를 배워야겠다는 절실함이나 갈망이 놀랍도록 빠르게 사그라지기 때문이다.

물론 행동에는 우선순위가 필요하다. 또한 충분히 모든 상황을 고려하지 못하고 행동에 나서면 불필요한 낭비를 하게 되는 경우도 생긴다. 그렇지만 늘 못 하는 것보다는 해보는 게 더 좋다. 스스로 움츠러들고, 고민하고, 주저하는 데 에너지를 빼앗기지 말자. 그리고 이 주문을 외워보자. "힘든 건 빨리 해치워버려!"

CHAPTER 6

체력, 어떤 일도 '되게' 만드는 마력

구글에서는 해마다 10월이면 '한 달 걷기 대회'가 열린다. 옥토버(October)와 워크(Walk)를 조합해 웍토버(Walktober)라고 부르는 대회로, 가장 날씨가 좋은 한 달 동안 승용차를 타는 대신 많이 걷자는 취지에서 열린다. 팀별로 단체전과 개인전으로 이뤄지며 매일 구글러들이 걸은 걸음 수가 대시보드에 올라온다. 미국에 건너온 지 3년, 매년 커뮤니케이션팀에서 1등을 기록한 사람은 바로 나였다. 하루 평균 3만 보를 걸으며 압도적인 차이를 내는 나에게 사람들은 "로이스, 따라갈 수가 없어"라며 반갑게 한마디를 거들곤 했다.

다른 건 몰라도 체력은 자신 있다

구글에는 화려한 이력과 뛰어난 실력으로 무장한 인재들이 넘쳐나지만, 내가 체력 하나는 자신 있다. 평범한 문과생 출신 아시아인이 50대가 되어서까지 현역으로 일할 수 있는 경쟁력은 이 체력에서 나온다고 해도 과언이 아니다. 지치지 않는 체력 덕분에, 밤낮없이 이어지는 메가톤급 프로젝트를 진행하거나 해외 출장으로 시차 적응이 채 되지 않은 때에도 다음 날이면 망설임 없이 다시 스위치를 켤 수 있다.

체력이야말로 우리가 인생을 끈질기게 이끌어나가게 만드는 숨은 저력이다. 나는 눈 뜨자마자 아침 러닝 한 시간에, 저녁 걷기 한 시간, 주말마다 백패킹을 떠나거나 검도와 수영을 하고 있는데, 20~30대 때보다 지금 더 많은 시간을 건강과 운동에 투자하고 있는 셈이다. 후배들에게도 평소에 잔소리는 거의 안 하지만, 대신 이런 말을 정말 자주 한다. "운동하는 시간을 아깝다고 생각하지 말아요. 영어 공부하는 것과 같은 거예요. 체력에 시간을 투자하세요. 체력도 실력입니다."

드라마 〈미생〉에서 주인공 장그래의 아버지가 아들에게 당부하는 말이 있다. "이기고 싶다면 네 고민을 충분히 견

더줄 몸을 먼저 만들어." 체력이 약하면 빨리 편안함을 찾게 되고, 인내심이 떨어진다. 그리고 피로감을 견디지 못해서 승부 따위는 상관없는 지경에 이른다는 것이다. 그렇다. 가끔 너무 피곤할 때면, 머리가 굳는 듯한 느낌이 들곤 한다. '실패하면 어떡하지? 다시 하라면 못 할 것 같은데' 하는 생각이 들면 새로운 도전을 하는 것이 두려워질 수밖에 없다. 졸음이 몰려오고 마음의 여유가 없는데 어떻게 '여기서 한 발 더 내딛'을 수 있겠는가. 내가 나의 숨은 잠재력을 발견하기도 전에 포기하고 싶어지는 게 당연하다.

새로운 생각과 아이디어 역시 천재성이 아니라 몸과 마음의 여유, 그리고 행동력에서 나오는 것이라고 믿는다. 이것저것 새로운 아이디어를 떠올리고, 주변 사람에게 물어보고, 연구하고, 도전해보는 일까지, 이 모든 일의 전제는 체력적 '여유'에 있다. 내 책상에는 특별한 스티커가 붙어 있다. "이거 어때요?"라고 쓰여 있는 스티커다. "아, 주말에 갑자기 떠올랐는데요, 이거 어때요?" "아, 이거 어젯밤에 급떠올랐는데, 이거 어때요?" 동료들이 내가 자주 하는 말이라며 웃으라고 만들어준 스티커다(놀린 건지도 모르지만……).

스스로 활력이 있어야 한 발 나아간 생각도, 제안도 겁 없이 할 수 있는 것이 아닐까. 결국 변화무쌍한 환경에서도 지지 않고 끈질기게 생각하는 힘, 즉 당신을 '롱텀 싱커(long-term thinker)'로 만드는 힘은 피로를 느끼지 않는 몸에서 나온다는 의미다. 늘 활력과 아이디어가 넘치는 사람이라는 나름의 브랜드가 생기는 것은 덤이다. 그만큼 체력은 어떤 일도 '되게' 만드는 마력이 있다.

체력, 오래가는 습관

직상생활을 3년, 5년 하고 말 것이라면 체력 얘기는 안 하겠다. 다만 10년을 넘어, 20년, 30년, 50~60대까지 원하는 일을 원하는 만큼 오랫동안 하고자 하는 사람이라면 다르다. 30대에는 일상적으로 하던 일들이 40대가 되면 벅차게 느껴지고, 어딘가가 아프고 피곤한 상태가 디폴트가 되어버린다. 보통 직장에서는 40대 중견 관리자가 되고 나면 내 팀도 챙겨야 하지만 다른 팀들이 어떻게 돌아가는지를 늘 파악하고 어떻게 협업을 해야 윈윈할 수 있는지 등을 큰 그림으로 그리면서 생각의 확장이 필요하다. 그것이 중견 관리자 혹은 C레벨(앞에 chief가 들어가는 기업의 부문별 최고 책임자)이 지녀야 할 경쟁력일 것이다.

그런데 체력과 컨디션이 따라주지 않으면 그런 여유가 생길 수가 없다. 실제로 뛰어난 성과를 내는 상위 5%의 사람들은 다른 이들보다 주당 평균 40% 더 긴 시간을 운동에 쓴다는 연구 결과도 있다. 운동을 통해 더 집중적으로 꾸준히 일할 수 있는 체력을 키울 뿐 아니라, 우울이나 불안감, 스트레스를 해소하면서 항상심을 유지할 수 있었던 것이다. 시시각각 변하며 우리의 삶을 뒤흔드는 세상의 조류 속에서도 표류하지 않고 스스로의 중심을 찾기 위해서, 나의 몸과 마음을 내가 버틸 수 있는 최후의 보루로 남겨놓아야 한다. 체력을 키우는 일은 곧 커리어에 투자하는 것과 다름 아니다.

체력은 목표보다 방향성이다

그렇다면 어떻게 체력을 키울까? 잘 먹고 잘 움직이고 잘 자면 된다. 매일매일 잘 먹고, 열심히 움직이고, 또 잘 쉬면서 체력을 키우는 것, 하루하루 알차게 스스로를 돌보며 지켜나가는 일련의 습관들이, 쉽게 지치고 포기한 채 나락으로 떨어지기 전에 당신을 구해줄 지원군이 될 것이다. 직장생활에서도, 그리고 인생의 큰 그림에서도 다르지 않다. 몸도 마음도 근력을 다지면서 삶을 끈질기게 이어나갈 저력이 생긴다면 그 어떤 어려움 속에서도 즐거움을 찾는 여유까지 덤으로 얻을 수 있다.

문제는 꾸준히 하는 것이다. 안다. 그것이 가장 힘든 일이라는 것을. 디테일하게 결심하고 판판이 무너지는 경험은 새해마다 누구나 겪는 일 아닌가. 주 4회 운동을 하겠다느니, 주 1회로 술을 줄이겠다느니, 하루에 물을 2리터를 마시겠다느니 등등. 심지어 결심 초반 2주 정도는 목표를 초과 달성하기도 한다. "그런데 말입니다". 이 세부 목표들이 계속 잘 가면 좋겠지만 예기치 않은 일이 불쑥불쑥 튀어나온다. 가족 모임, 부서 회식, 야근에 이른 아침 회의까지……. 목표 실천에 차질이 생기면서 짧은 성공이 서서히 무너지고, 결심을 지키지 못한 자책감으로 스스로를 고문하기 시작한다. 이처럼 결심에는 늘 실패가 바로 따라붙는다. 작심삼일이란 말도 그래서 있는 것 같다. 작심하면 3일을 못 간다는.

아, 그럼 결심을 하지 말라고? 그런 뜻이 아니다. 인생이 긴 만큼 장기적으로 지속 가능한 동력을 얻으려면, 멀리 봐야 한다는 의미다. 목표보다 중요한 건 방향성이다. 목표와 방향성이 뭐가 다를까? 예를 들어, 하루에 몇 킬로칼로리를 섭취하고 한 주에 운동을 4회 해서 몸무게를 언제까지 몇 킬로그램 감량하겠다고 목표를 세우는 대신에, 건강한 라이프스타일을 가져야지 하는 방향성을 세우는 것이다. '올해는 기필코 승진을 하겠다'라는 목표 대신 '누가 뭘 물어봐도 대답할 수 있는 내 분야의 스페셜리스트가 되겠다'라는 방향성, '아이와 주 다섯 시간 대화의 시간을 갖겠다' 같은 결심 대신에 '가족 친화적인 한 해를 보내야지' 하는 방향성 말이다. 건강, 가족, 전문성 등 한 단어로 방향성을 적어놓아도 좋고 한 문장으로 써놓아도 좋다.

만약 당신이 건강한 라이프스타일을 만들겠다는 방향성을 세웠다면 탄산음료와 생수 중에 생수를 고르고, 시럽과 크림이 가득 든 커피 대신에 블랙커피를 선택한다거나, 바빠서 운동을 하지 못한 날에는 건강에 좋다는 샐러드라도 한 번 더 챙겨먹는 식으로 좋은 대안을 찾아볼 수도 있다. 그렇게 하루를 보내고 나면 우리는 우리가 하기로 한 일, 그 방향성에 한 발 더 가까워져 있을 것이다. 어떤 날은 안 될 수도 있지만 방향성을 생각한다면 하루의 '실패'에 일희일비하는 일이 줄고, 그래서 중도에 그 결심을 중단하는 일 역시 줄어든다.

30년 운동 경력자의 노하우

운동은 자기효능감, 즉 스스로 어떤 일을 할 수 있다는 믿음과 기대를 키우는 가장 좋은 방법이다. 당장에 누워서 쉬고 싶은 유혹을 떨쳐내고 운동을 시작하면 일단 기분부터 뿌듯하다. 나 자신을 이겼을 때, 그리고 내 몸을 컨트롤 했을 때 느끼는 성취감은 운동은 물론 세상 무엇이든 맘만 먹으면 할 수 있다는 확신으로 이어진다. 세상은 내 맘대로 되지 않는 일투성이이지만, 내 몸만큼은 내 맘대로 될 수 있다는 사실이 얼마나 희망적인가. 직장에서 아무리 탈탈 털리고 돌아와도 운동을 통해 자기 호흡을 되찾을 때면 그 아무리 큰 괴로움도 훌훌 떨쳐낼 수 있게 된다.

그렇다면 어떻게 포기하지 않고 꾸준히 운동을 이어갈 수 있을까? 30년 넘게 운동을 끈질기게 해오면서 내가 얻은 '포기하지 않는 노하우' 몇 가지를 들자면 이렇다. 첫째, 스스로 재미있는 운동, 쿨해 보이는 운동을 하라. '로이스=검도'라는 캐릭터가 사람들에게 각인이 되면, 나중에라도 이런 질문을 할 것이다. "지금도 검도 하세요?" 인사말에 불과하지만 내가 하는 운동을 기억하고 관심 보이는 사람이 많아지면 의식적으로라도 운동을 지속하게 된다. 유아기적인 동기처럼 보이겠지만 사실 꽤 효과적이다. 저녁 회식이 늦게 끝났어도 다음 날 아침 "너 어제 또 운동했지?"라고 물어볼까 봐, 꾸역꾸역 운동을 나가기도 한다. 타인의 시선을 동기부여 삼아 나의 습관, 나아가 정체성을 강화해보는 것이다. 꾸준히 해온 어떤 활동이 나를 설명해주는 아주 좋은 주제가 되기도 하니까.

둘째, 대회 같은 이벤트에 참여해보자. 똑같은 일상이 지루해질 때쯤 이벤트를 통해 새로운 숨을 불어넣어주는 것이다. 체력이 한창일 때는 마라톤 풀코스를 6~7번 정도, 20킬로미터 하프코스 대회는 수시로 출전했다. 대회 출전이나 기록 단축 같은 목표가 생기면 늘 하던 운동도 보다 의욕적으로 하게 된다. 등산이나 긴 코스 트레킹은 한 번 다녀올 때마다 대회에서 우승하는 것만큼의 성취감을 안겨주니 역시 지속하기에 매우 좋은 운동이다.

셋째, 외부 조건에 상관없이 내가 원하면 만들 수 있는 시간에 운동을 한다. 저녁 시간에는 약속이나 야근이 적지 않게 잡히니 운동을 매일 지속하기가 어렵다. 특히 프로젝트성 일을 많이 하거나 잦은 출장으로 시차가 달라지는 경우 루틴이 깨지기 쉽다. 그래서 나는 늘 고정적으로 활용하기 좋은 아침 시간에 운동을 한다. 물론 아침형 인간, 저녁형 인간마다 라이프스타일이 다르니 본인에 맞게 시간을 확실히 확보할 수 있는 시간대를 찾는 것이 중요하다.

무엇보다 중요한 건 미루지 않는 마음가짐이다. 당연히 직장생활을 하다 보면 루틴이 무너지기 쉽다. 일단 한 번 계획이 무너지고 나면 '다음 주부터 할까? 아니야 다음 달부터 하자!' 하면서 계획을 미루게 된다. 완벽한 루틴이란 없다. 긴 인생, 원하는 삶의 모습을 향해 방향성만 가지고 있다면 오늘 계획이 무너지더라도 내일 다시 시작하면 된다. 하루 이틀 목표를 이루지 못했다고 큰일 안 난다. 어제 못했다면 오늘, 오늘 못 했다면 내일!

앞으로 한 발, 또 한 발, 주문을 외우듯 신체가 움직이는 순간에만 몰입하면서 에너지를 쓰다 보면 하루 동안 피로와 불안한 마음 역시 평온해질 것이다. 단단하게 다져진 몸과 마음으로, 당신이 하고 싶고 좋아하는 모든 일들을 포기하지 않고 쭉 이어나가기를 응원한다. "계속 해보죠, 남는 게 체력이니까!"

CHAPTER 7

하고 싶은 일을 어떻게 다 하고 살아요?

얼마 전 아들 필립의 대학 졸업식이 있던 날, 나는 보스턴으로 떠날 채비를 하고 있었다. 하필이면 회사에서 구글 I/O(개발자 콘퍼런스)라는 큰 행사를 앞두고, 코어팀으로 활동하고 있어서 정신이 없었다. 노트북에 열려 있는 브라우저 탭은 60개가 넘고 채팅창은 10개 이상이었다. 최대한의 집중력을 쏟으면서 공항으로 출발하기 직전까지 일을 마무리하려 애쓰는 사이, 약속한 시간은 훌쩍 지나고 떠날 때가 되었다고 알람이 울린다. "점심도 굶었는데 간식 먹을 시간도 안 주네……." 4분 뒤에 도착한다던 우버는 벌써 현관 앞에서 기다리고 있다. 우버 안에서도 여전히 일을 놓지 못하다가 정신을 차리고 고개를 드니 샌프란시스코 공항에 다 와 있다.

"어느 터미널이에요?"

"아, 터미널 A예요."

운전자가 갑자기 눈을 크게 뜨면서 말했다. "음? 여기는 터미널이 1, 2, 3 숫자로 되어 있어요!"

한창 일에 빠져 있던 뇌가 그의 말에 퍼뜩 깨어났다. 아, 샌프란시스코 공항이 아니라 산호세 공항이었지. 난감해하는 내 표정을 보고 친절한 기사님은 마치 자기가 늦은 것처럼 속도를 높이기 시작했다. 아휴, 이렇게 정신이 없어서야……. 늘 초를 달리는 일상에, 아무리 철저하게 시간 관리를 한다고 애써도 이런 실수는 심심찮게 벌어진다.

주어진 시간은 하루 24시간뿐

시간은 누구에게나 공평하다. 부자에게도, 가난한 사람에게도, 일 잘하는 사람에게도, 노는 사람에게도, 노인에게도, 학생에게도 주어진 시간은 24시간뿐. 시간은 참으로 공평하게 '부족하다'. 그 안에서 워킹맘은 직장에 다니면서 육아도 해야 한다. 자기계발을 놓칠 수는 없으니 퇴근하면 어학원이다 대학원이다 찾아다녀야 하고, 주말이면 아이들과 여행을 가든 운동을 하든 여가생활도 놓칠 수 없다. 하지만 시간은 24시간뿐이기에, 이 모든 걸 다 할 수는 없다. "시간이 없어서요." 이 말 한마디에 우리는 많은 걸 포기하게 된다. 직장생활 때문에 취미생활을 놓치고, 육아 때문에 운동을 내려놓고, 여행 대신 자기계발을 포기한다.

그렇게 '시간' 때문에 하나씩 포기하게 되면, 결국 내게 남는 건 먹고사는 일의 고단함과 공허함밖에 없다. 이런 상황이 누적되면 단기적으로는 어떤 활동 하나를 못한 것이지만 장기적으로는 직장 일도 우리의 일상도, 나아가 우리의 삶 전체가 불만족스러워진다. 시간에 쫓기지 않고 나를 위해 시간을 쓰면 쓸수록 우리의 성취감과 행복감은 높아진다. 그렇기에 우리는 시간을 어떻게든 쪼개고 쪼개서 원하는 일을 해내려고 애쓰는 것이다.

나 역시 늘 시간을 초 단위로 쪼개서 쓴다. 내가 하고 싶은 것을, 원하는 때에, 원하는 에너지 레벨로 하고 싶기 때문이다. 사실 미국에 온 뒤로는 아예 전 세계 시간대를 동시에 살아내고 있으니, 시간 관리를 더 잘하지 않으면 일을 해낼 수가 없다. 오죽하면 동료들이 "아바타 세워놓고 일 시키고 있는 것 아니냐"고 할 정도로 업무량이 절대적으로 많다. 게다가 이제 내 나이 쉰넷이니, 100세까지 산다고 쳐도 살아온 날보다 살아갈 날이 적다(엉엉!). 내 눈앞에 놓인 시간이 1분 1초가 아쉬울 수밖에.

그렇다면 이 귀한 시간을 어떻게 관리할 수 있을까? 정해진 시간 안에 이뤄야 할 루틴을 만드는 일이자, 계획을 달성하는 것. 보통 이를 '시간 관리'라고 한다. 어릴 적 방학 때면 야심차게 만들었던 생활 계획표가 떠오를 것이다. 컴퍼스와 자를 이용해 심혈을 기울여 반듯하고 알록달록하게, 그리고 촘촘하게 보기 좋은 계획표를 만들어놓고 나면 그 날은 너무 피곤해서 아무것도 하고 싶지 않았다. 그리고 쭈욱, 방학 내내 아무것도 하지 않았다.

과연 이게 어린 시절의 이야기일 뿐일까? 우리는 늘 지킬 수 없는 계획을 세우고 그 계획에 쫓긴다. 직장생활과 육아와 공부, 그리고 나만의 취미생활과 달콤한 휴가까지 모두 놓치지 않고 지킬 수 있는 계획을 세우려면 먼저 방향부터 잡아야 한다. 24시간을 48시간처럼 살면서 시간의 주인이 되는 법, 일명 '미라클 루틴' 만드는 법을 소개한다.

시간의 주인이 되는 구글러의 미라클 루틴

미라클 루틴을 만드는 제1원칙, 아침 시간을 확보한다(그렇다, 인류는 늘 아침형 인간을 꿈꾼다. 이렇게 입이 닳도록 얘기하는데 이쯤 되면 한번은 들어줄 만하다). 눈을 뜨면 침대에서 지체하지 않고 일어나야 한다. 매일같이 3분, 5분씩 지각을 밥 먹듯이 하는 사람이라면 아침에 눈뜨고 제일 먼저 한 일을 떠올려보라. 눈만 뜬 채로 누워서 스마트폰을 보고 있었을 확률이 높다. 아침 시간은 어쩌면 직장인이 확보할 수 있는 최대치의 시간일지 모른다. 그렇게 허비하지 말자.

아침에 일찍 일어나서 얻는 시간은 100% 내 시간이다. 운동을 하든, 명상을 하든, 책을 읽든, 영어 공부를 하든 아침 시간은 오로지 나만을 위한 시간이다. 처음에는 아침 시간을 아이 등교 준비 시키는 데 할애했지만, 출근 시간에 늦을까 봐 조바심 내며 신경질 난 목소리로 아이를 채근하고 나면 육체적으로 힘들 뿐만 아니라 감정 낭비가 너무 컸다. 활기차야 하는 아침에 모든 에너지를 부정적으로 쏟아내 버린 것이다. 그래서 나는 아침에 아이 챙기는 일을 아주 깔끔하게 포기하고(물론 아이를 어머니가 봐주셨기 때문에 가능한 일이었다) 자는 아이 얼굴에 뽀뽀를 한 뒤, 아주 조용히 운동복으로 갈아입고 밖으로 나왔다. 대신 저녁에 일찍 와서 아이 숙제를 봐주거나 놀아주면서 되도록 함께 시간을 보냈다. 특히 워킹맘이라면 자신을 위해 아침 시간을 충분히 활용해보면 좋겠다(안다, 얼마나 힘든 일인지!).

미라클 루틴을 위한 제2원칙은 바로 'Be Present'. 지금 하는 일에 100% 몰두한다. 바쁜 현대인들에게 멀티태스킹은 21세기 인간의 당연한 능력이나 성공의 비결처럼 받아들여진다. 그러나 밥을 먹으면서 영상을 보고, 화상으로 회의하면서 다른 일로 다른 사람과 채팅을 하고, 회의를 하는 도중에 이메일을 읽는 것처럼 동시다발적으로 일처리를 하면 내가 하는 일에 100% 집중할 수 없다. 회의 시간에는 스마트폰을 보면서 건성으로 듣다가, 나중에 이를 기억하지 못해 회의 자료를 또 찾아보는 일이 부지기수다.

뇌과학자들은 우리 뇌는 멀티태스킹에 적합하지 않다고 누누이 말해왔다. 또한 멀티태스킹이란 건 존재하지 않는다고 말하는 연구자들도 있다. 지금 하는 일에 온전히 집중하지 않으면 기억을 할 수 없고, 기억을 못 하면 관련 내용을 다시 찾느라 시간 낭비를 해야 한다. 두 번 힘을 쏟지 말자. 다음 시간에 해야 할 일을 미리 걱정하지 말자. 미리 걱정해 봤자 지금 하는 일의 생산력만 떨어뜨릴 뿐이다.

'투 두 리스트'보다 시간을 확보하자

미라클 루틴을 만드는 제3원칙, 해야 할 일 리스트(To Do

List)를 작성하는 대신 캘린더(일정표)를 잡는다. 한 조사에 따르면 직장인의 해야 할 일 리스트에 오른 일 가운데 41%가 그날 전혀 실행되지 못하고 다음 날로 미뤄진다고 한다. '뭐 해야지' 생각나면 해야 할 일 목록을 쓸 것이 아니라 캘린더부터 찾자. 매일 해야 하는 업무와 예상 소요 시간을 캘린더에 모두 반영해놓는다. 5분짜리 짧은 통화 시간도 마찬가지다. 시간을 확보해놓지 않고 할 일만 많으면 결국 우선순위에서 계속 밀리기 때문이다. 중요한 일인데 하기 싫으면 리스트의 하단으로 밀리고, 나중에는 그 일을 해결할 시간이 부족해서 허덕이게 된다. 반면 캘린더를 잡아놓는 습관을 들이면 일단 시간이 확보되어 있고 그 시간 안에 해결해야 한다는 생각 때문에 집중력이 높아진다.

그리고 시간 제약이 있다는 걸 의식하면 이전 일정과 이후 일정 사이의 전환이 빨라진다. 6시에 퇴근하고 돌아와 저녁을 먹고 8시에 운동을 하기로 했다면, 미적거리는 대신 '늦기 전에 빨리 다녀오자!' 하고 몸을 일으켜 세우게 되는 것이다. 정해진 시간 안에 할 일을 수행하는 훈련을 하면 할수록 전환하는 능력은 더 향상된다. 그 시간 안에 다 하지 못한 일은 캘린더를 조정해 다시 시간을 확보하고, 그다음 일과로 빠르게 넘어간다. 캘린더를 통해 흐름을 보면서 '이 미팅에 이어 이 일을 처리하면 되겠군!' 하는 계산이 가능해지고, 좀 더 효율적으로 시간을 운용할 수 있게 된다.

워라밸, 비우기와 채우기의 조화

미라클 루틴의 다음 원칙을 이야기하기 전에 우리가 먼저 생각해봐야 할 중요한 개념은 바로 '워라밸'의 정의다. 사람들은 쉽게 '칼퇴'를 워라밸 그 자체로 생각하는 경향이 있다. 하지만 다들 경험하듯이 일과 삶의 균형을 여덟 시간은 일하고 여덟 시간은 쉬기, 일주일 중 5일은 근무하고 이틀은 쉬기 같이 기계적으로 나누기는 참 어렵다. 우리는 기계가 아니니까.

실은 일과 삶을 구분하는 일부터가 어려운 일이다. 예를 들어 커리어 내비게이션을 위한 자기계발은 일일까, 삶일까? 업계 사람들을 만나는 네트워킹은? 대학원이나 세미나에 참가하며 공부하는 일은? 분명 미래의 커리어를 위한 일이긴 하지만, 동시에 앞으로 더 나아가기 위해 에너지를 충전하는 시간이기도 하다. 일과 삶의 경계는 그렇게나 모호하다.

우리 삶을 굳이 두 가지 영역으로 구분해야 한다면, 나는 '채우는 일'과 '비우는 일'로 구분할 것이다. 정확히 말하자면 '에너지를 만드는 일(create energy)'과 '에너지를 쓰는 일(drain energy)'이다. 우리는 일하는 동안 에너지를 주로 쓴다. 육체적인 에너지뿐 아니라 여태까지 배우고 익힌 지식과 경험도 '쓴다'. 퇴근해 집에 돌아오면 가족과 함께 시간을 보내거나 취미생활을 하거나 피로한 몸을 침대에 뉘여 휴식을 취하면서 방전된 에너지를 '채운다'. 이처럼 우리의 일상은 에너지가 비워지고 채워지고 또 비워지고 채워지는 과정의 연속이다.

그렇다면 채우고 비우는 일 사이의 균형은 어떻게 맞출 수 있을까? '균형'은 어느 한쪽으로 기울거나 치우치지 않은 상태를 뜻한다. 마치 균형추가 오르락내리락하면서 평형을 맞추는 듯한 '균형' 상태는 사실 순간에 불과하다. 즉, 깨지기 쉬운 만큼 실패로 끝나기 쉽다는 의미다. 그래서 나는 '워라밸'의 밸런스라는 말을 설명할 때 균형이라는 표현보다 '조화'라는 표현을 좋아한다. 즉, 워라밸을 지킨다는 것은 에너지를 만드는 일과 에너지 쓰는 일 사이에서 자기만의 조화로운 상태를 찾는 일이라고 생각한다.

마지막 원칙, 인생을 길게 볼 것

자, 이제 다시 미라클 루틴을 위한 네 번째 원칙으로 돌아가보자. 일과 쉼은 하루나 한 주 단위가 아니라 기본 1년 단위로 계획을 세운다. 하루 일과를 쉼과 일로 기계적으로 나누다 보면 큰 프로젝트가 있거나 업무 시간을 지키기 현실적으로 어려운 시즌이 찾아왔을 때 균형이 너무 쉽게 무너져버린다. 상대적으로 부담이 큰 업무를 맡았다면 기계적으로 '칼퇴'를 하고 집에 돌아왔어도 그 일에서 심적으로 헤어나기가 어렵다. 몸은 집에 있지만 정신은 여전히 일 걱정을 하고 있어서 쉼도 제대로 이뤄지지 않을 것이다. 1년 중 일에 집중해야 하는 시기와 숨을 돌리는 시기의 루틴에 차이를 두면 더 효율적으로 시간을 운용할 수 있다.

연 단위로 먼저 계획을 세운 뒤 그날의 캘린더를 쪼개서 쓸 때 큰 장점은 너무 바빠서 무언가 중요한 것을 놓치고 있다는 죄책감에서 벗어나게 된다는 것이다. 예를 들어 1년의 시간 중에서 내가 가장 지키고 싶은 시간은 바로 연말의 휴가다. 나를 리프레시 하는 가장 중요한 시간인 연말 휴가를 먼저 계획해두고 이 계획을 필사적으로 지켜내기 위해 1년을 치열하게 살았다. 맹목적으로 일만 하느라 휴가 시기를 놓친다면 '내가 무엇을 위해 이렇게 사나' 하는 생각에 금세 자기 동력을 잃었을 것이다.

미라클 루틴 마지막 원칙, 인생을 길게 보고, 자기가 어떤 삶을 원하는지 5년 단위로 인생의 큰 그림을 그려보자. 예를 들어 스스로에게 집중할 수 있는 시간이 상대적으로 많은 때는 공부나 취미 생활에 몰입하면서 다양한 경험과 인맥을 쌓는다. 파트너가 생겨서 가족을 꾸리게 되었다면 새롭게 이룬 가족 공동체에 적응하고 또 잘 자리 잡도록 우선순위를 두고 시간을 안배한다. 아이가 자라서 개인 시간을 비교적 운용하기 쉬운 때가 되면 다시 커리어에 집중하는 일과로 돌아올 수 있다. 이렇게 주요 주기에 따라 내 시간과 노력을 어떻게 집중할 것인가를 계획하고 호흡을 안배한다면, '지금 가고 있는 이 길이 맞나' 하는 혼란이나, '남들보다 늦어도 괜찮을까' 하는 조급증과 불안도 빠르게 가라앉히고 다시 평정을 찾을 수 있게 된다.

결국 이 모든 원칙은 원하는 일을 모두 해내며 살기 위해 존재한다. 때로는 빠르게, 때로는 느리게 자기만의 호흡을 잃지 않고 가던 길을 계속 가도록 나를 위한 시간의 원칙을 만들어보자. 24시간이 48시간이 되는 마법은 결국 인생의 큰 그림을 생각하며 하루하루를 성실하고 소중하게 살아가는 사람들에게 주어지는 선물이다.

어제가 오늘 같고 오늘이 내일 같은 일상에서는

스스로 성장했다고 느끼기 어렵다.

성장은 일만 잘한다고 해서 저절로 이뤄지는 것이 아니다.

내일의 내 일을 놓치지 않으려면

매일매일 꾸준히 채우는

자기만의 '채우는 시스템'을 만들어야 한다.

PART 2

공부한 만큼 커지는 내일의 내 일

CHAPTER 8

내 인생 최악의,
그리고 최고의 실수

"로이스님은 왜 그렇게 영어 공부를 목숨 걸고 하세요? 업무에 뒤떨어지지 않을 만큼 충분히 잘하시잖아요?"

어느 날 후배가 물었다.

"그럴 만한 사건이 있었지."

미국 유학 이후로 줄곧 외국계 회사에서 근무했기 때문에 비즈니스 영어는 일상적으로 했지만, 구글에 들어와서는 사실 '허걱' 했다. 내 일을 잘하기 위해서 요구되는 영어의 수준과 강도가 한참 높았기 때문이다. 거의 모든 업무가 1대 1 미팅, 혹은 팀 미팅으로 시작해서 끝나고, 하루 일상이 미팅으로 빼곡한 만큼 영어의 중요성이 말도 안 되게 컸다.

30년 직장생활 최악의 실수

구글코리아에 입사한 지 3년이 지난 어느 날이었다. 이날은 구글코리아가 속한 아태지역 팀의 콘퍼런스가 있었다. 7, 8개 도시에 분포한 약 50여 명의 커뮤니케이션 부서원들이 동시 접속하여 화상통화로 진행되는 회의이고, 당연히 영어로 진행된다.

특히 이날은 내가 7분 정도의 발표를 맡은 날이었다. 한국에서 성공적으로 진행된 프로그램을 다른 나라 팀들에게 소개하는 자리라 내용도 내용이거니와 발표도 잘해야겠다는 마음뿐이었다. 그때만 해도 영어로 하는 발표는 몸에 배지 않은 특별한 이벤트였고, 영어 발표를 잘하는 사람을 보면 나는 언제 저렇게 하나 하고 부러움의 시선으로 바라보곤 했다. 그래도 모처럼 찾아온 미션에 기쁜 맘으로 만반의 준비를 다했다. 어떤 말을 어떻게 할지 며칠 전부터 스크립트를 만들어 외우고, 예상 질문과 답변도 착실하게 준비했다. 이번 발표 하나 만큼은 문제 없이 완벽하게 해낼 태세였다.

화상 콘퍼런스콜이라 보통은 한국 팀원들 모두 한 회의실에서 접속해 들어가지만, 이날은 발표에 집중하기 위해 나만 회의실을 따로 잡았다. 드디어 회의가 시작되었다. 다른 팀원들이 제품 론칭 등의 주요 일정과 내용을 공유하고 있는데, 나는 발표에 대한 긴장감 때문에 회의 내용이 머릿속에 거의 들어오지 않았다. 이제 내 순서다. "로이스, 오버 투 유(Over to you)."

지금 생각하면 왜 그랬는지 모르겠지만, "하이(Hi)" 하고 인사를 한 다음, 바로 발표로 들어갔다. 단어 하나하나, 표현 하나하나 놓치지 않고 스크립트를 준비하고 외운 대로 발표를 이어나갔다. 문제는 너무 집중한 나머지 발표하는 내내 모니터 대신 한 손으로 이마를 받친 채 책상 바닥을 보고 있었다는 것이다.

그렇게 7분 발표가 끝났다. 아, 해냈다! 후련하고 뿌듯한 마음에 상기된 표정으로 말했다. "제 발표는 여기까지입니다. 질문 있으세요?" 나는 모니터를 그제야 올려다보았다. 어라? 화면에 있는 모든 사람이 토론을 하는 것 같았다. 내가 하는 말에 귀 기울이기는커녕 모두가 자기 할 말을 하고 있다. 대화 주제 역시 내 발표 주제와는 완전히 다른 내용이었다. 이게 뭐지? 왜 내 발표를 아무도 안 듣지? 당황해 두리번거리다가 문득 깨달았다. 여태 뮤트(음소거) 버튼이 버젓이 눌려 있었던 것이다. 맙소사, 발표 7분 내내 음소거를 해놓고 혼자 말을 한 것인가?

상황을 파악하려고 내 노트북을 보니 여러 팀원들이 보내온 서너 개의 채팅창으로 꽉 차 있었다. 아태지역 전체 그룹 채팅창뿐 아니라 우리 팀원 채팅창, 홍콩, 일본, 싱가포르에 있는 동료가 보내온 채팅창들이 파바박 하고 올라왔다. 모두가 하나 되어 이렇게 외치고 있었다. "로이스, 너 말하는 거 하나도 안 들려. 뮤트 좀 풀어!"

그제야 깨달았다. 이 친구들이 아무리 나에게 상황을 알려주려고 메시지를 보내도, 고개를 숙인 채 발표에만 집중했던 내가 그 사실을 알아차릴 리 없었다. 내가 계속 대답이 없자 그들은 "우리 그냥 다음 주제로 넘어갈게"라고 메시지를 남겼다. 나는 그들이 다른 이야기로 넘어가는 동안 혼자 주절주절 내 얘기만 하고 있었던 것이다. 나중에 팀원으로부터 들은 얘기에 따르면 1분 정도 날 계속 부르면서 기다렸다고 한다.

세상에 이런 실수가! 화상회의에 참여하는 사람들은 대개 뮤트 버튼 실수를 한다. 다만 보통 3초, 5초 정도 잠깐 헤매는 수준이다. 하지만 7분이라니……. 7분 동안 혼자 주절주절 얘기하다니. 아무도 듣는 사람도 없는데! 다른 주제로 넘어간 동료들은 화면 속에서 혼자 계속 발표하고 있는 내 모습을 보며 어떤 생각을 했을까? 팀원들과 수많은 동료 앞에서 그런 망신이 없었다.

직장생활 30년 역사에서 당연히 크고 작은 실패의 경험도 많고 상사들에게 혼난 경험도 많지만, 이 정도로 창피하고 민망하지는 않았다. 영어가 부족한 점을 어떻게든 무마해보려고 했던 나의 노력이 오히려 어처구니없는 실수를 불러오고, 그로 인해 숨기고 싶은 약점을 만천하에 드러내고 만 격이었다. 내 커리어 전체 역사에서 최악의 실수라 해도 과언이 아니었다.

"에이, 로이스님, 그냥 잊으면 될걸, 뭘 그렇게 두고두고 떠올리세요! 뮤트 버튼 까먹는 건 누구나 다 하는 실수잖아요?" 한 후배가 좌절감 최고치에 있는 나를 위로해준다. "그렇죠, 다 실수하죠! 하지만 7분 넘게 혼자 떠들진 않잖아. 다들 내가 발표하고 있는 동안 다른 얘길 하고 있었다니까요?"

"아…… 그렇죠. 7분, 길긴 길었어요. 하하."

취약점을 드러내고 인정한다는 것

그렇다. 누구나 실수를 한다. 하지만 남들에게 사소해 보이는 일도, 누군가에게는 자다가도 눈이 번쩍 떠지면서 '이불킥' 하게 되는 흑역사가 된다. 더욱이 그 실수로 인해 자신의 약점이 공개되었다면? 내가 가진 약점이 세상에서 가장 크고 흉하게 느껴지는 때가 있다. 그리고 약점을 들키면 세상이 자기를 집어삼키기라도 할 것처럼 두려워한다. 그런데 오히려 자기 약점을 숨기려는 일련의 행동들이 무너진 둑으로 쏟아져 들어오는 물처럼 우리 삶을 집어삼키기도 한다.

마이크로소프트 출신이자 전(前) 페이스북 글로벌 비즈니스그룹 총괄 캐롤린 에버슨(Carolyn Everson)의 경험이 이를 잘 보여준다. 페이스북에서 약 55개국, 4000명이 넘는 직원을 이끌고 800억 달러 이상의 매출을 책임졌던 그는 승승장구하는 와중에도 해고당하면 어쩌지 하는 두려움을 항상 갖고 있었다고 한다. 상사가 일정에 없는 회의를 소집하거나, 부재 중 통화에 상사 이름이 떠 있으면 그는 '혹시 해고 통지를 하려고 한 건가?' 하며 가슴이 철렁했다. 자신이 결정하고 수행한 일이 조금만 틀어져도 숨을 쉴 수 없을 정도로 조바심이 났고, 매 결정의 순간 자신감을 잃었다.

그러던 어느 날, 캐롤린은 여성 리더십 데이를 맞아 1000여 명의 여성을 대상으로 발표를 하게 되었다. 무대 뒤에서 자기 차례를 기다리며 알 수 없는 긴장감에 떨던 그는 돌연 무언가를 결심한 듯 옆에 서 있던 당시 페이스북 최고운영책임자 셰릴 샌드버그를 바라보며 이렇게 말했다. "저는 왜 이렇게 자신이 없는 걸까요?" 그리고 이어서 말했다. "아무래도 제가 해고당한 기억 때문에 그런 것 같아요." 그날, 캐롤린은 그때까지 아무에게도 얘기하지 않았던 자신의 가슴 아픈 과거를 처음으로 제3자와 공유했다.

약 25년 전에 벌어진 일이었다. 그때까지만 해도 이력서에도, 링크트인에도 전혀 밝히지 않았지만, 그는 펫츠닷컴(pets.com)이라는 당시 잘나가던 스타트업의 창업 멤버였다. 하버드 경영대학원 재학 중에 만든 스타트업이 대박이 났고 학교 친구들 사이에서 우상으로 떠올랐다. 그러나 당시 회사 CEO와 비전이 맞지 않았던 그는 대학원 졸업식을 앞두고 본인이 세운 회사에서 해고되었다. 그것도 출장 중에 받은 팩스 한 장으로. 한창 잘나갔을 때 갑자기 실패의 나락으로 떨어진 충격은 엄청 컸다. 자존심이 많이 상했고 자기 존중감도 바닥을 쳤다. 그는 이후 단 한 번도 펫츠닷컴에 대한 이야기를 입 밖으로 꺼낸 적이 없었다고 한다. 자신이 이야기하지 않으면 묻힐 기억이라고 생각했던 것이다.

캐롤린은 그 뒤에도 훌륭한 교육을 받고 커리어를 빈틈없이 쌓아왔지만, 늘 누군가가 자신의 과거를 들추면서 자신의 성공이 허황된 것이라고 비난할 것이 두렵고 불안했다. 그 20년 전의 해고 사건을 인정하지 않는 한, 자신은 영원히 자신감 없음과 두려움에서 헤어나지 못할 것이라고 생각했다. 그래서 그는 용기를 내어 자신의 실패담에 대해

커밍아웃을 했다. 자신의 취약점(vulnerability)을 드러내고 인정했다.

우리는 직장에서 자신의 취약점이나 감정을 드러내는 일을 극도로 꺼린다. 그것이 곧 실패라고 생각하기 때문이다. 그렇다면 캐롤린이 20년 이상 숨겨왔던 실패담을 들려주었을 때 동료들의 반응은 어땠을까? 놀랍게도 큰 공감과 응원이 돌아왔다고 한다. "아, 이 사람도 실패를 해본 사람이구나, 나도 실패를 하더라도 괜찮구나"라는 반응을 보인 것이다. 이후 캐롤린은 실리콘밸리와 여성 리더들의 멘토이자 스피커로서 '취약점과 자신감은 한 쌍'이라는 메세지를 전하고 있으며 현장의 수많은 인재가 그에게 깊이 공감하고 있다.

최악의 실수, 최고의 실수로 거듭나다

취약점을 드러낸다는 것은 자신의 약점을 인정한다는 의미다. 자신이 가진 약점 때문에 처절하게 실패했을 때 이를 인정하는 일이 선행되어야 다음 단계를 상상할 수 있다. 실패로부터 무언가를 느끼고 배웠다면 이것은 극복하기 위한 노력으로 승화시킬 수 있다.

우연히 팟캐스트를 통해 듣게 된 캐롤린의 이야기는 새삼 내게 큰 용기를 주었다. 본인이 세운 회사에서 쫓겨난 가슴 아픈 해고 경험에 비하면 나의 영어 실수는 소소할 수 있지만, 내 인생 가장 부끄러운 실수담 1위인 이 사건은 떠올릴 때마다 항상 나를 위축시켰다. 명색이 커뮤니케이션의 총괄인데 영어가 약해서 그 수많은 사람들 사이에서 망신을 당하다니. 생각만 해도 몸서리가 쳐지는 기억이었다.

하지만 나는 그날의 실수에 머물러 있지 않았다. 실수 하나에 얽매여 스스로를 작게 만드는 대신, 그런 경험을 다시는 반복하지 않기로 마음을 붙들었다. 그리고 그날부터 매일매일 안 되는 영어로 어떻게든 순간을 모면하면 끝이었던 안일한 태도를 버리고, 목숨 걸고 하는 영어 공부에 뛰어들기로 했다. 근본적인 원인을 해결하지 못하고서 문제를 '수습'하기에 급급하면 점점 더 자신감은 떨어지고 언제 내 무능함을 들킬까 두려움만 커질 뿐이다. 하지만 되든 안 되든, 하루 서너 시간씩 영어 공부에 매진하다보니, 순간을 모면한 뒤에 밀려왔던 '나 이래도 될까?' 했던 두려운 감정은 조금씩 지워졌다. 때로 공부하기가 조금 귀찮아질 때면 그날의 얼굴 화끈거리던 기억을 떠올리며 스스로를 채근했다.

영어 실력이 조금씩 나아지자 나는 내 실수담을 이 사람 저 사람에게 공공연히 말하게 되었다. 내가 커뮤니케이션팀에 소속되어 있어서 영어 실력이 꽤 뛰어날 것이라고 생각하는 사람들에게 "저 이런 최악의 실수를 저질렀어요. 그래서 지금도 영어 공부를 열심히 해요" 하면서 오히려 실수담을 늘어놓는 것이다. 내 인생에서 가장 숨기고 싶은 이야기를 일부러 드러내어 농담 삼아 말하니, 다들 웃으면서 나도 그런 적이 있다며 공감하는 모습을 보여주었다. 드러내면 드러낼수록 부끄러운 기억은 점점 더 유쾌한 기억으로 변해갔다.

최악의 실수는 곧 인생 최고의 실수가 되었다. 그날의 참담했던 기억이 내가 그 이후 10년 이상 단 한순간도 영어 공부를 게을리하지 않게 만드는 자극제가 된 것이다. 언젠가 미국에 오게 될 거라고 상상도 하지 못한 그때, 나는 의도치 않게 미국에 올 준비를 하고 있었던 셈이다. 때로 시간은 그렇게, 최악의 것을 최선의 것으로 돌려놓는 마법을 부리는 모양이다.

CHAPTER 9

임포스터 신드롬을 넘어서는 공부 자신감

얼마 전 구글에서는 200여 명의 여성 직원을 대상으로 '임포스터 신드롬 극복기'라는 제목의 프로그램이 진행되었다. '임포스터(impostor, 가면) 신드롬'이란 "나는 이럴 자격이 없어", "이곳은 내게 어울리지 않아"라고 되뇌면서 남들보다 똑똑하지 않고 실력도 없는 자신이 남들을 속이고 있다고 생각하는 것, 그래서 성공에 대한 욕심이나 기쁨을 겉으로 드러내지 못하는 현상을 말한다. 자신에게 그럴 만한 능력이 있는데도 주변 동료들이 너무 뛰어나 보여서, 스스로를 끊임없이 과소평가하며 자신감 없는 태도를 갖게 된다.

구글러들을 괴롭히는 임포스터 신드롬

놀랍게도 이는 구글러들이 많이 겪는 심리적 현상이기도 하다. 구글 리더들과의 대화에서 항상 빠지지 않고 나오는 질문이 "임포스터 신드롬이 있었나요? 있었다면 어떻게 극복하셨어요?"일 정도다. 스스로 다른 사람에 비해 뒤처진다고 생각하면서 자신감을 잃게 되면 이는 업무에도 영향을 미치고, 심해지면 '쓸데없이 과도하게' 하루하루를 고통으로 보내기도 한다. 이날도 강연을 함께 듣던 10년 지기 동료에게서 이런 메시지가 왔다. "로이스님은 임포스터 신드롬 같은 건 겪은 적 없으시죠? 지난 10년간 같이 일하면서 그런 모습 전혀 못 본 것 같아요."

이 질문에 나는 조금 먹먹해졌다. 나야말로 임포스터 신드롬을 과거에 겪었고 현재도 겪고 있는 사람이기 때문이었다. 나는 늘 남들보다 출발이 늦는 사람이었다. 이를 뼈저리게 절감하고 있었기에 남들보다 뒤처져 있다고 스스로를 깎아내리기 일쑤였다. 학벌 좋고 일 잘하고 자신감 넘치는 동료들 옆에서 나는 항상 '주눅 들어' 있었다. 그런 과거를 떠올리며 나는 동료에게 이렇게 대답했다.

"저도 그런 감정은 참 많이 겪었습니다. 그리고 지금도 느끼고 있고요. 다만 그것을 되도록 생각하지 않으려 해요. 대신 제가 잘하는 일에 집중하려고 합니다. 못하는 것은 못한다고 미리 말하고 그냥 깔고 들어가요. 그러지 않으면 늘 '언젠가는 내 약점을 들킬 텐데'라고 걱정하게 되거든요. 그냥 내가 잘하는 것에 집중해요. 물론 가장 중요한 건, 발전을 위해 노력하고 배우고, 시간을 들이는 거예요. 자신감은 절대적인 시간을 투자했을 때 만들어지는 것이니까요."

이날 프로그램에서의 결론 역시 '나만 그렇게 느끼는 것이 아니다'라는 점이었다. 모든 사람이 자기 자신에 대한 의심을 어느 정도는 하기 마련이다. 중요한 것은 약점에 연연하지 말고 자신이 잘하는 강점을 찾으라는 것. 자신이 잘할 수 있는 부분에 집중하고 그것을 어떻게 하면 더 발전시킬 수 있을지 행동으로 옮기면 된다는 것이 결론이었다.

내가 이 자리에 설 자격이 있을까?

20대 후반에 네브래스카대학교 링컨에서 MBA 마케팅 집중 과정으로 석사를 마친 뒤 귀국한 나는 모토로라코리아 홍보팀에 입사했다. 당시만 해도 독일어과 출신 여성인 내가 대기업에 취업하는 방법은 MBA밖에 없는 것 같았다. 300명이 넘는 지원자 가운데 높은 경쟁률을 뚫고 입사하고도 '왜 내가 뽑혔지? 혹시 잘못 뽑힌 건 아닐까' 하는 의심에 스트레스를 받았다. 더군다나 커뮤니케이션 전문가 자리에 마케팅 전공자인 내가 뽑힌 것도 의외였다. 막상 일을 시작해보니 홍보/커뮤니케이션은 내가 MBA에서 집중적으로 공부했던 마케팅과 일부 중첩되는 점은 있지만 목표 지향점이나 전략 및 전술이 달랐다. 용어 하나하나가 다 낯선 지경이었다.

홍보에 대해 알지 못한 채 홍보일을 할 수는 없었다. 일이 맘처럼 손에 붙지 않았고, 딴에는 아무리 좋은 아이디어가 샘솟는다고 한들 그걸 입 밖으로 말할 자신감도 없었다. 나이 서른, 남들보다 늦게 일을 시작한 만큼 빠르게 일의 궤도에 올라야 한다는 조급함이 앞섰다. 그래서 매주 교보문고를 드나들며 관련 책은 교재부터 신간까지 놓치지 않고 읽었다. 각종 세미나와 아카데미 프로그램도 찾아다니며 부지런히 배웠다. 하지만 아무리 노력해도 내가 일을 '겨우겨우' 따라가고 있다는 느낌을 지우기 어려웠다. 상사에게 배우거나 또 직접 경험하거나 혹은 속칭 구르면서 배우는 것도 당연히 가능할 텐데, 조급한 마음에 좀 더 빨리 체계적으로 일을 배우고 싶다는 욕심을 숨길 수 없었다. 체계를 세우면서 경험을 쌓고 선배들의 조언을 받으면 그야말로 무적일 것 같았다.

Google
STUDY
HARD

단순히 일을 잘하고 싶었다면 실무 경험을 빨리 더 쌓으면 되지 않나? 그렇게 물어볼 수도 있다. 지금 생각해보면, 나는 일을 잘하는 사람을 넘어 자신감 있는 태도를 가진 사람이 되고 싶었던 것 같다. 자신감 없이는 나보다 더 능력 있는 사람을 늘 시기하게 되고, 적절하고 합리적인 타인의 지적에 방어적으로 변하고 마니까. 다른 사람의 지적을 생산적으로 수용하려면 스스로에 대한 믿음이 있어야 한다. 그래야 쿨하게 "맞아요, 그거 노력해볼게요"라고 기꺼이 받아들일 수 있다. 그래, 내가 하는 말에 스스로 확신을 가질 수 있는 밑바탕을 쌓자. 누가 물어보면 확신에 차서 대답해줄 수 있는 그런 전문가가 되자.

직장생활을 병행하면서 체계적으로 공부할 수 있는 곳을 찾아보니 2년 과정의 야간 대학원이 제격이었다. 내게 필요한 건 나 자신을 공부하게 만드는 시스템에 넣어 나 자신에게 꾸준함을 강제하는 일이었다. 직장 일이라는 게 큰 의지로 책상을 박차고 나오지 않으면 저녁 시간을 확보하기가 어려우니, 남들과 함께 공부하는 게 중간에 포기하지 않는 유일한 방법이라고 생각했다. 그렇게 20여 년간 다섯 개 대학원을 거친 나의 기나긴 공부 역사가 시작되었다.

머릿속에 끝없이 새로운 연료를 채우다

처음 연세대 언론홍보대학원을 다녔을 때 나는 임신 4개월을 넘어서고 있었다. 일도 학업도 좀 무리였던지 몸이 좋지 않은 상황이었다. 병원에서는 이러다 유산할 수도 있으니 절대 무리하지 말라는 경고를 단단히 했고, 몇 주 뒤에는 결국 병원에 입원도 했다. 그런데 정말 습관이 무섭다고, 그런 상황에서도 퇴근 후 당연하다는 듯 학교 앞에 당도했다. 그날따라 정문에서 강의실로 가는 길이 어찌나 멀게 느껴지던지, 한 걸음 한 걸음 옮길 때마다 하늘이 핑 돌고 구역질이 치밀어 올랐다. 그렇게 몇 걸음 갔을까, 나는 결국 참지 못하고 먹은 걸 다 토해내고 말았다.

'이렇게까지 공부를 해야 하는 건가.' 입덧에 하늘이 노래졌지만, 기왕 학교까지 왔으니 다시 집에 돌아갈 수는 없었다. 다음해 5월 1일(노동절날 산고의 노동을 했다!)에 나는 아들 필립을 출산했고, 출산 휴가 동안 수업을 듣지 못해 기말고사를 보지 못했다. 그리고 9월까지 방학 기간을 보낸 뒤, 다시 학교로 돌아갔다.

처음 공부를 시작하게 된 계기는 커리어 때문이었지만, 그냥 커리어만을 위해 공부했다면 이렇게까지 배움에 몰입하지 못했을 것 같다. 뭔가 맛있는 걸 숨겨놓은 곳을 맴도는 아이처럼, 학교에 머무는 시간이 너무 좋았다. 배움 그 자체가 주는 에너지가 내가 대학원 공부에 완전히 푹 빠져버린 이유였다. 어떤 자극제로 공부를 하는지, 혹은 어디서 공부를 하는지, 그 모습은 저마다 다르겠지만 배우는 사람들이 모인 곳에서 공통적으로 느껴지는 생산적이고 건강한 에너지 같은 것이 있다. 회사에서 강도 높은 업무로 녹초가 되고, 입덧으로 걷는 것조차 고역인 상황에서도 학교 교실에만 들어가면 다시 눈이 번쩍 뜨이고 기운이 솟았다. 마치 새로운 연료를 내 머릿속에 불어넣은 듯이. 무언가를 배우는 일에 몰입하는 순간에는 미래에 대한 불안은 지워지고, 그 자리에 자신에 대한 막연한 믿음과 긍정적인 에너지가 들어찼다. 그 마약 같은 즐거움에 나는 완전히 푹 빠져버렸던 것이다.

내게 부족한 지식과 인사이트 말고도 대학원 공부는 많은 것을 주었다. 그 방면 최고의 교수님과 다른 업계 혹은 다른 회사에 다니는 분들을 만나 교류하면서 직간접적으로 경험의 폭을 크게 확장할 수 있었기 때문이다. 흔히들 대학원에서 노 왓(know what)을 얻을 것이라 생각하지만, 지금까지 대학원을 다니면서 내가 얻은 가장 큰 자산은 노 하우(know how), 노 웨어(know where), 노 후(know who)였다. 예를 들어 어떤 상황에 문제가 생겼을 때, 해결책을 당장은 알 수 없지만, 어딜 찾아보고 누구와 연락하고 어떻게 질문하면 해결될지를 안다면 그것만큼 막강한 힘은 없다. 어떠한 막막한 상황이나 난관이 찾아와도, 하다못해 사소한 질문이 생겼을 때도 그걸 알고 있다는 사실만으로도 자신감이 생겼다.

내가 할 수 있는 만큼 최대한의 시간을 들여 준비했다면, 후회하거나 주눅 들지 않고 지금 이 순간에 정직해질 수 있다. 학교에 앉아 죽이 되든 밥이 되든 졸린 눈을 부릅뜨며 공부한 시간들이 늘 주눅 들어 있던 나의 표정과 어깨를 당당하게 펴게 해주었다. 결국 자신감은 자신이 투자해온 시간에서 나오는 것. 그러니까 내 자신감의 원천은, 대학원에서 공부한 바로 그 '시간'이었다. 지금 당장은 남들보다 떨어질지 몰라도 지금 공부하고 발전하고 '있는 중'이라는 현재 진행형 공부야말로 어제보다 나은 오늘의 나를 만드는, 나로 하여금 임포스터 신드롬을 잊게 만드는 강력한 무기인 것이다.

CHAPTER 10

지치지 않고 고갈되지 않으려면

우리는 언제까지 직장생활을 하게 될까? 20대 후반에 취업을 한다고 생각하면, 30대 초반에는 가장 치열하게 일하고 30대 중후반에는 중간관리자를 맡아봄 직하며, 40대에는 기회가 닿는다면 부서장 혹은 임원의 길을 걸을 것이다. 새롭게 사업을 시작하거나 제2의 직업을 찾아가거나 스스로 고갈되어 회사에 영향력을 끼치기 어렵다고 느끼는 순간까지 우리는 직장생활을 하게 될 것이다.

나이 쉰넷. 나이가 중요한 건 아니지만 언뜻 따져보니 구글 본사 커뮤니케이션팀에서 가장 나이가 많은 여성 디렉터인 것 같다. 인터넷이 없던 시절에 대학원까지 공부한 나는 20대 후반 들어간 회사에서 이메일이라는 것을 처음 접해봤다. 그때껏 내가 배운 것을 다 써먹어보기도 전에 인터넷은 커뮤니케이션과 비즈니스 구조 자체를 송두리째 바꿔버렸다. 그리고 지금, 매일매일 체감하는 변화의 내용과 속도는 과거 그 어느 때보다 압도적이다. 어쩌면 구글에서 컴맹 중의 컴맹일지도 모르는 나는 사실 매일 쏟아지는 뉴스와 새로운 업계 소식을 겨우겨우 따라가는 것도 버겁게 느껴진다. 업계에서 새로 론칭되는 기술이나 제품에 대한 설명을 두세 번 읽어도 이해되지 않는 경우도 많다. 과연 내가 그 변화 속도와 기술 속도를 따라갈 수 있을까? 내 머리는, 그리고 돋보기안경 쓰는 것을 애써 미루면서 책과 모니터에서 한시도 떨어지지 않는 내 눈은 과연 버텨줄까? 나의 실리콘밸리 생활은 이런 의문과 함께 시작됐다.

비우기만 할 때 찾아오는 번아웃

그렇다면 인터넷이 없던 시절에 문과대를 나온 사람이 어떻게 쉰 살이 넘도록 구글이라는 기술회사에서 주눅 들지 않고 일할 수 있을까? 바로 끝없는 공부 덕분이다. 늘 배운 걸 써먹고 비우기만 하는 직장생활에서 나만의 채우기 습관, '인풋 시스템(Input System)'을 만들어 계속해서 새로운 것을 배우고 있다. 무언가를 끊임없이 배워야 한다는 압박감은 현대인이라면 누구나 가지고 있는 강박이지만, 나는 늘 새로운 인풋에 안달이 나 있다. 다섯 번의 대학원은 내가 돌리고 있는 인풋 시스템 중 일부일 뿐이다.

일하는 것도 힘들어 죽겠는데, 새롭게 배우는 일을 습관처럼 해야 할까? '지치지 않는 머리'를 만들고 싶다면 당연히 그래야 한다. 직장생활을 하며 자기계발을 하는 일은 말 그대로 쉽지 않다. 직장생활만으로 우리는 충분히 지친다. 하지만 배운 것을 써먹기만 하고 다시 새로운 것을 채우지 않으면 언젠가는 바닥나버린다. 아래의 예시를 살펴보며 자신의 에너지 상태를 체크해보자.

아침 출근길이 12시간 초과근무를 한 듯이 벌써 피곤하고 지친다. 여기저기서 '총 맞는' 일들이 쏟아지니 내가 정작 하고 싶은 일은 뒷전이고, 새로운 아이디어를 내는 일은 럭셔리하게 느껴진다. 어제가 오늘 같고, 오늘이 내일 같다. 무기력한 느낌이 지속된다. 깨어 있는 시간 대부분을 회사에서 보내는데 한순간도 즐겁지가 않다. 내가 이 조직에서 어떤 기여를 하고 있는 것일까, 회사는 나날이 커지고 있는데 열심히 일하는 나는 왜 제자리인 것일까? 늘 내 것을 하나하나 빼 쓰는 느낌이다. 이러다 아빠 가시고기마냥 점점 작아지고 결국 껍질만 남을까 걱정이 된다. 어떤가? 모두 해당된다고?

음, 그렇다면 당신은 지금 번아웃, 즉 고갈된 상태다.

무력감을 이기는 길은 성장뿐

직장인들이 느끼는 이런 소모감과 무력감은 다양한 이유에서 시작되겠지만, 보통은 30대 초반, 직장생활을 5년 정도 하고 나면 찾아온다. 정확히 말하면 대학 시절 직업의 세계에 들어오기 위해 학습한 것이 바닥까지 고갈되는 시점이기도 하고, 넘치는 의욕으로 이런저런 시도를 해보다가 직장생활이 맘먹은 대로 되는 것이 아님을 실감하며 심정적으로 바닥을 치는 시기이기도 하다. 또 정신없이 업무에 치여 열심히 일하다 보면 뭔가 모를 불안함이 시작된다. 내가 가지고 있는 것을 써버리고 있는데 다시 채워지지 않는 느낌. 주어지는 일을 하기에 급급해 비우기만 하면서 시간을 보내다 보니, 어느 순간 채운 것 없이 탈탈 털려 있는 자신을 발견하게 되는 것이다.

나의 30대 대리 말년 시기도 다르지 않았다. 회사에 부장급 이상인 여성 직원은 손에 꼽던 시절이라서 슬슬 승진이 걱정되었다. 사회 초년병 때 일했던 외국계 기업은 국내 기업들보다는 상황이 조금 나은 편이었지만, 그래도 시대 분위기에서 자유롭지 못했다. 모두가 치열하게 열심히 일했지만, 당시 내 눈에 남자 동료들은 집, 회사, 회식의 쳇바퀴 속에서 사는 것 같았다. 늦은 밤까지 이어진 회식 다음 날 피로가 그대로 남은 얼굴로 출근한 그들은 서로서로 전날 나눈 대화 내용을 복기하며 또 다른 대화를 나눴다. 그렇게 이들의 연대는 더욱 공고해졌다.

남성 동료들이 상대적으로 더 빨리 승승장구하는 (혹은 그런 것처럼 보이는) 모습을 볼 때면 나는 샘도 나면서 조급해졌다. 모든 부서장과 임원이 남성이고 여성 중견 관리자들은 한 손으로 꼽아도 손가락이 남아도는 조직에서 나는 어떻게 성장할 수 있을까? 부장 진급을 최대 목표치로 삼고 일해야 하는 건가? 아니면 나도 남성 동료들의 네트워크에 들어가야 하는가? (물론 쉽게 들어갈 수 있을 것 같지도 않고 들어가고 싶지도 않았지만.) 승진하지 못한다면 내가 하는 일에 과연 의미가 있는 것일까?

내가 그렇게 의욕 없이, 상실감에 빠져 있을 때, 유독 눈에 들어오는 한 사람이 있었다. 바로 마케팅팀을 이끄는 유일한 여성 부장이었다. 내가 보기에 그분은 분석력과 판단력이 뛰어나고 일도 야무지게 잘하면서 영어 또한 가장 우수

한 능력자였다. 그런데도 이상하게 늘 성과를 인정받지 못하고 조직의 아웃사이더 같은 느낌을 주었다. 왜 저 정도 능력자가 승진에 뒤처지는지 의문이었다. 하지만 그분은 이런 문제를 전혀 개의치 않고 의연했다.

그분은 스스로를 채우는 일이 늘 우선이었다. 새로운 트렌드와 테크놀로지에 대한 정보를 업데이트하고, 영어 공부를 하고, 늘 자기 관리에 철저했다. 아니나 다를까 얼마 후 미국 본사 전략실로 임용되었고 10년 정도 글로벌 전략 업무를 맡으며 두루 인정을 받았다. 남들보다 조금 늦어도 확실한 줄은 실력뿐이라는 것을 어김없이 보여주었다.

그렇구나, 그제야 눈에 보였다. 무엇으로 내 커리어에 가치를 더할 수 있을까 하는 고민이 시작될 때, 성공하는 사람들은 그 고민을 계기 삼아 전문성을 새롭게 쌓아올린다는 것이. 누가 뭐라든 흔들리지 않고 제풀에 지쳐서 멈춰 서지 않도록 끌어주는 힘은 바로 끊임없는 '성장'에 있다는 것이.

직장생활은 매일매일이 전쟁터이지만, 그 치열함이 반복되면 사람은 무뎌지기 마련이다. 그럴 때 끝이 안 보이는 무력감에서 우리를 꺼내어 구해주는 것은 바로 성장의 경험이다. 그냥 열심히 해서 회사에서 인정받는 것만으로는 직장인의 마음을 채울 수 없다. 내가 어제보다 나아지고 있어서, 안 보였던 것이 보이기 시작하고, 새로운 역할을 찾아나가며, 타인은 물론 스스로를 납득시킬 만한 자기만의 로직이 생기는 경험. 바로 그 성장의 경험 없이 직장생활을 버티기는 참 어렵다. 특히 내가 열심히 일한 만큼 매출이 오르고 회사는 성장하고 있는데, 나는 성장 없이 제자리에 머무는 느낌이 들면 자연히 일에 대한 열정과 애정도 사라진다. 그런 시간들이 1년, 2년 이어지면 결국 제품에 지치게 된다.

일만 한다고 저절로 성장하지 않는다

성장은 일만 잘한다고 해서 저절로 이뤄지지 않는다. 우리가 일을 하는 건 이미 채운 걸 쓰는 일이지, 채우는 일이 아니다. 비우기만 하고 어떻게든 스스로를 채우고 성장하는 즐거움을 찾지 않으면 스스로 발전을 포기하게 되어버린다. 내 일의 미래를 놓치지 않으려면, 매일매일 꾸준히 채우는 자기만의 '채우는 시스템'을 만들어야 한다.

꼭 대학원을 다니라는 것이 아니다. 사실 대학원을 다니는 일은 경제적으로도 큰 투자이므로 매우 부담스러울 수 있다. 보통 사립대학교 대학원은 수업료가 1년에 1000만 원이 훌쩍 넘으니 선뜻 권하기는 어렵다. 경제적 문제로 공부하기가 어려운 상황이어도, 제대로 자기계발 할 기회는 다양하다. 요즘엔 칸 아카데미나 전 세계 주요 대학들이 운영하는 다양한 온라인 학위 프로그램들도 있어서 잘만 활용하면 커리어 발전에도 매우 큰 도움이 된다.

직장에 사내 자기계발 프로그램이 있다면 100% 활용하는 게 최고다. 최근 15년 차 장기근속 구글러를 대상으로 한 인터뷰 질문 중에 하나가 바로 이것이었다. "구글의 다양한 지원 프로그램 중에서 어떤 것을 가장 좋아하는가." 나는 구글의 자기계발비 지원 프로그램을 가장 좋아한다. 그런데 대학원 1년치 등록금 정도의 상당한 금액의 교육비가 지원되는 좋은 복지 서비스임에도 주변에서 이 자기계발비를 100% 사용한 사람을 거의 보지 못했다. 아니, 50%도 다 못 쓰는 것 같다. 나는 이 질문에 이렇게 답했다. "저는 매년 이 자기계발비를 100% 다 씁니다. 다른 구글러들도 자기계발비 100% 사용에 도전하길 바랍니다."

지나고 보니 자기 전문성을 위해 성실하고 꾸준히 배워온 사람은 언제든지 그 진가를 드러낸다. 시간은 거짓말을 하지 않기 때문이다. 시간을 만들어내며 공부를 그치지 않는 사람은 쉽게 지치지 않는다. 깊이 공부한 시간만큼 더 멀리 나가고, 폭넓게 공부한 양만큼 세상을 넓게 본다. 조금 느리더라도, 지금은 그 가치가 뚜렷해 보이지 않더라도 배우는 것을 포기하지 말라고 당부하는 이유다.

CHAPTER 11

공부가 키워낸 내일의 내 일

"석사 다섯 개 모으면 박사 주냐?" 다섯 번째 학위를 준비하던 '학위 콜렉터'인 내게 친구들이 놀리듯 한 얘기다. 당연히 안 준다. 나는 그동안 근무한 모든 회사에서 심심찮게 부서 이동을 했다. 그리고 새 직무를 맡아 새로운 인풋이 필요하다 싶으면 제일 먼저 대학원을 검색해보고 나에게 필요한 수업 과정들을 찾아봤다. 공부는 그야말로 내가 커리어를 겁 없이 확장할 수 있는 최고의 무기였다. "내가 할 수 있을까?"라고 스스로를 의심하는 대신, "공부하면 되지, 뭐"라고 할 수 있는 비빌 언덕.

'학위 콜렉터'의 커리어 내비게이션

두 번째 대학원으로 연세대 언론홍보대학원을 병행하며 모토로라코리아 홍보팀에서 있다가 3년 뒤 전략 마케팅팀으로 팀을 옮겼다. 그런데 하필이면 주요 업무가 온라인 마케팅이었다. 당시만 해도 컴퓨터로는 워드프로세서 정도만 사용하고 엑셀 스프레드시트의 기본 기능도 제대로 몰랐다. 그런 내가 데이터베이스 마케팅 혹은 데이터마이닝이라는 개념을 파악하고 그것을 마케팅에 어떻게 적용할지를 알 리 만무했다. 그래서 이번에는 당시 e비즈니스 석사 프로그램이 유일하게 따로 특화되어 있었던 경희대 대학원의 MBA-e비즈니스 석사 과정을 선택했다.

그리고 네 번째로 향한 곳은 서울대학교 행정대학원이었다. 구글코리아 커뮤니케이션팀으로 이직하면서 당시 최대 관심사는 바로 '인터넷 정책'이었다. 2000년대 초고속 인터넷의 빠른 확산과 스마트폰의 등장으로, 전에 없던 비즈니스 모델과 마켓이 생기고 이에 발맞춰 각종 산업 정책과 소비자 정책이 만들어졌다. 가령 인터넷의 유해한 정보나 악성 댓글을 방지하자는 취지로 만들어진 '인터넷 실명제' 같은 정책은 불과 몇 년 만에 표현의 자유를 저해하는 만큼 공익성이 없다는 이유로 대법원 만장일치의 위헌 판결을 받았다. 주민등록번호를 수집해야 하는 의무가 불과 몇 해 뒤에는 불법이 되는 정반대의 상황이 온 것이다. IT산업 종사자라면 기술의 발전과 새로운 플랫폼의 등장에 따른 인터넷 정책의 방향성을 미리 파악하고 준비해야 한다고 생각했다. 누구보다 빨리, 제대로 공부하고 싶어서 인터넷 정책 분야에서 평소 존경하는 교수가 있던 서울대 행정대학원 정책학과 문을 두드렸다. 일선 행정과 정책 분야에서 경험이 풍부한 교수님, 강사들을 만나 현장에서 어떻게 정책이 만들어지고 입안이 되는지, 또 어떻게 집행이 되는지를 직접 들을 수 있는 소중한 시간이었다.

마지막으로 향한 곳은 서울과학기술대 디지털문화정책대학원이었다. 아, 이번엔 드디어 박사 과정으로 들어갔다. 나는 유튜버들을 직접 만나면서 기술이 가져온 우리 사회의 변화, 이를테면 직업에 대한 인식이나 삶에 끼친 영향에 대해 공부하고 싶었다. 아쉽게도 학업 중간에 미국행을 선택하면서 학위는 마치지 못했지만, 지금 글로벌 커뮤니케이션팀에서 맡고 있는 인터내셔널 스토리텔링 업무가 바로 따뜻한 기술 이야기를 대중에게 전하는 일이므로 내 커리어 패스(career path)와 공부가 같이 가고 있는 셈이다.

처음에는 실무에 도움이 되는, 쉽게 말해 바로바로 써먹을 수 있는 공부를 하다가, 경력이 높아지면서는 정책이라는 큰 그림을 그리고 판을 읽을 수 있는 공부로 옮겨갔다. 공부 커리큘럼이 커리어 내비게이션의 과정과 정확히 일치한 셈이다. 〈포천〉 500대 기업 최고경영자들을 조사해보면, 성과지수가 높은 인재일수록 자기계발에 시간을 더 많이 할애한다고 한다. 뛰어난 성과를 내는 사람들은 자기가 더 갖춰야 할 역량이 무엇인지 명확하게 안다는 것이다. 자신에게 주된 관심사가 있다면 그 분야에서 다음으로 도약하기 위해 무엇이 필요한지 아는 것이 먼저다.

공부, 결국 버티는 과정

개인적으로 입사 면접에서 나는 야간 대학원을 마친 면접자를 좀 다르게 평가한다. '대학원 스펙'이 있어서가 아니라, 직장생활을 하면서 야간 대학원 학위 과정을 병행한다는 건 자기 발전을 위한 노력과 최소 2년 동안의 자기 관리와 성실함을 보여주기 때문이다. 공부를 시작하겠다는 마음을 굳게 먹는 것도 어려운 일인데, 막상 제시간에 강의실에 당도하는 일은 더 어렵다.

실제로 그 비싼 대학원 학비를 내고도 수업에 꼬박꼬박 나가는 사람은 참 드물다. 학교 가려고 회사를 나설 때면 왜 하필 딱 그때 급한 전화가 오는지, 직장 상사나 옆 팀에서는 왜 하필 퇴근 무렵이 다 되어서야 그 업무를 맡기는지, 왜 하필 중간고사가 있는 날에 회식 날짜가 잡히는지, 아이 봐주시는 이모님은 왜 하필 그날 일이 있어서 일찍 가셔야 한다고 하는지……. 수업 빠질 구실이 정말 매일같이 생긴다. 직장인들이 공부하는 곳이니, '오늘만 제끼자' 마음먹으면 빠지기도 쉽다. 그렇게 한 번 빠지고 한 번 휴학하기 시작하면 다시는 학교로 돌아오기 힘들다. 이런 과정을 2년 넘게 버텼다면 그 성실성은 인정해줘야 하지 않을까.

공부는 결국 버티는 과정이다. 공부하기 어려운 과목도 일단 버티면 된다. 문과생에게 미적분을 요구하는 미시경제학은 무슨 아랍어를 보는 느낌을 주었다. 첫 두 시간 수업을 듣고는 이건 포기해야 하나 깊은 고민에 빠졌지만, '에이, 그냥 한번 묻어가자. 모르면 아는 친구에게 물어보고, 조교에게 물어보자. 지금 포기한다고 다음 학기에 더 잘하리라는 보장이 없지'라는 마음으로 이어갔다. 수업 자리만이라도 지키자는 심정으로 몸만이라도 와서 공부를 하면 언젠가는 공부하는 시간이 익숙해지게 된다. 스터디 그룹을 활용하는 공부법도 '버티는' 데 도움이 되었다. 사람마다 장점이 다르니 어떤 과목을 잘하는 친구가 있을 것이다. 그 친구가 하는 대로 같이 밥 먹고 기합 넣으면서 공부하다

보면 배우는 것이 하나라도 생긴다. 이렇게 주경야독 전우애(!)로 맺어진 스터디 동료들은 회사 동료에게 털어놓지 못하는 고민을 쉽게 털어놓고 서로서로 위로와 격려를 해주는 사이로 발전했다. 교수님도 마찬가지다. 강의 시간에는 스승님이지만 시간이 지나면 내가 그 분야에 대해 궁금증이 생겼을 때 언제든 물어볼 수 있는 든든한 지원군이 되는 사람이 바로 교수님들이었다.

공부는 계속 되어야 한다

미국에 와서도 공부의 여정은 끝나지 않았다. 나는 이곳에서 페이지 소사이어티(Page Society)라는 커뮤니케이션 분야의 대표 학회에서 운영하는 차기 CCO(Chief Communications Officer, 최고 커뮤니케이션 책임자)를 위한 2년 과정을 듣고 있다. 전 세계 커뮤니케이션 분야 임원급 가운데 약 60명을 선발하여 지원하는 프로그램이다. 회사로부터 1만 달러가 넘는 수업료를 지원받고, 매 분기 각기 다른 도시에서 열리는 2박 3일의 수업에는 항공비와 호텔비 등 모든 경비가 지원이 된다. 자기가 공부하는 노력만 얹으면 되는 '에스컬레이터' 같은 프로그램이다. 그런데 이렇게 전폭적인 지원을 받고도 공부하는 노력, 혹은 시간을 내기가 힘들어서 그곳의 사람들 태반이 중도 포기를 한다. 프로그램이 1년 정도 진행된 지금은 절반이 휴학을 하고 나를 포함한 나머지 30명만이 남았다. 다들 매일매일이 바쁜 사람들이니 공부를 우선순위에 계속 두기가 어려웠겠지. 결국 끝까지 남는 게 이기는 거다.

버티는 걸 촌스럽다 여겨도 괜찮다. 그렇게 버티면서 공부한 지금, 나는 매우 만족스러운 성장의 길을 걷고 있으니까. 공부에 푹 빠져 산 덕분에 나이 먹는 것을 잊었고, 또 미래에 대한 두려움보다는 내일의 내가 또 어떤 전성기를 맞이하게 될지 오히려 기대감을 가질 수 있었다. 매일 공부를 거듭하며 버텨왔다면, 그런 사람이야말로 자신이 만날 수 있는 '최대치'의 결과를 기대할 수 있다. 나는 그렇게 굳게 믿는다.

CHAPTER 12

운이 아니야, 바로 네가 해낸 거야!

언니 둘과 엄마랑 일상을 주고받는 네 명의 카톡 방이 있다. 미국에 온 뒤 3년간 한국에 들어가지 못했으니, 카톡방이 이런저런 얘기를 나눌 수 있는 유일한 창구인 셈이다. 그런데 그렇게 격의 없이 많은 대화를 나누면서도 내 커리어에 대해서는 왠지 말하기가 꺼려진다. 간호 교사와 유치원 교사로 있는 두 언니에게 내 커리어 얘기가 낯설기도 하겠지만, 막내인 내가 언니들보다 더 성공한 사람처럼 보일까 봐 마음이 편치 않았기 때문이다. 승진 소식도 선뜻 전하기가 망설여지곤 했다. 형제자매 중 나 혼자만 유학을 다녀왔고, 그 결과 외국계 회사를 옮겨가며 커리어를 키웠다. 내 성공이 부모님과 떨어져 살며 중고등학생 때부터 나를 돌봐주었던 언니들의 희생을 발판 삼았다는 부채감이 있는지도 모르겠다.

그러던 어느 날, 국내 블로그에 내 커리어에 대해 올린 글을 가족 카톡 방에 공유했다. 구글에서 이룬 커리어 성장과 성공에 대한 글이었는데, 링크를 걸면서 카톡방에 이런 멘트를 덧붙였다. "엄마, 언니들, 난 정말 운이 좋았던 것 같아!" 곧이어 언니들의 답이 올라왔다.

"운이라니, 네가 만든 거지. 네가 노력해서 된 거지."

아! 순간 눈물이 핑 돌았다. 굳이 얘기하지 않아도 나의 노력을 알아준 언니들이 고맙기도 했고, 나의 성장을 함께 좋아하고 축하해주는 그 진심 어린 말에 그동안 내가 너무 강박적으로 내 커리어에 대해 말하기를 주저했나 후회가 들었다.

종종 우리는 겸손해야 한다는 강박 때문에 많은 성과를 '운이 좋아서' 얻은 것이라고 말한다. 하지만 그건 운 덕분만은 아니었다. 자랑은 아니지만 고등학교 때 다섯 시간 이상 잠을 잔 적이 없고, 직장생활을 하는 동안 10년 넘게 야간대학원에 다니며 공부했다. 내 자리에서 늘 최선을 다해왔던 것이다. 그런 노력을 운으로 돌리는 내게, 오히려 옆에서 지켜봐온 언니들이 모두가 내 노력의 결실이라는 사실을 상기시켜준 것이다.

메타플랫폼 최고운영책임자(COO)였던 셰릴 샌드버그는 말했다. 어떤 일이 잘되면, 여성들은 운이 좋아서, 혹은 남들이 잘 도와줘서라고 답하는 반면 남성들은 내가 잘해서라고 당당하게 답한다고. 사실 모든 성공에는 여러 사람의 노력이 뒷받침된다. 주변의 도움 없이 100% 혼자만의 힘으로 성공한 사람은 별로 없을 것이다. 드러나지 않더라도 그 뒤에서 묵묵하게 거들어주고 도와준 사람들에게 감사하고 수고를 인정하는 것은 중요하다. 다만 그동안 자신의 노력이 일궈낸 결과를 운으로만 돌리면서 스스로 인정해주지 않는 것은 다른 문제다. 노력하고 애쓴 시간에 대해 내가 나 자신을 인정하고 칭찬하는 자기애가 부족했던 건 아닐까 생각해볼 필요가 있다.

"커피 타는 것 괜찮지요?"

"커피 타는 것 괜찮지요?" 20대에 면접 때마다 들었던 질문이다.

대학 4년을 내리 달려 취업 전선에 뛰어들었지만, 대기업의 여성 공채는 바늘구멍 같았던 당시 내가 마주한 취업 시장은 무척이나 절망스러웠다. 요즘 청년들이 마주하는 현실이 더 엄혹하겠지만, 그 시절만 생각하면 아직도 가슴 한켠이 콱 막히는 것 같다. 같은 대학 같은 학과를 졸업해도 대기업의 일반 사원공채는 남성으로 거의 한정되었고 여성은 사무 보조(비서직)만 지원 가능한 상황이었다. 나는 200대 기업까지 여기저기 눈에 들어오는 대로 이력서를 내며 여러 기업들의 문을 두드렸다. 물론 여성을 뽑는다는 조건하에서. 어쩌다 운이 좋아 면접 자리까지 가면 여지없이 앞의 질문이 나왔다.

"커피를 타는 것도 제 일의 일부라면 기쁘게 하겠습니다. 다만 다른 일을 더 잘할 수 있으니 다양한 경험을 할 수 있도록 기회를 주시면 좋겠습니다." 준비된 답변을 하고는 씁쓸하게 면접장을 돌아서야 했다. '그냥 커피는 안 탄다고 할걸 그랬나……' 후회하면서. 4학년 2학기에 취업 준비를 하는 내내 겪은 좌절감은 여성으로서 자기 비애만 남겼고 자존감은 바닥을 쳤다.

졸업을 앞두고 운 좋게도 친구의 추천으로 한 의류회사에 간신히 취업했다. 그 회사는 당시 파격적인 열린 문화로 남녀 구분 없이 대학 졸업자를 뽑아 교육시킨 후에 부서를 배정해 바로 현장에 투입시켰다. 배정받은 기획실에서 1년 남짓 일하면서 경영진 가까이에서 회사 돌아가는 사정을 파악하고, 경영, 재무, 마케팅, 인사, 생산관리, 해외 진출 등이 어떻게 맞물리는지를 한눈에 지켜볼 수 있는 정말 귀한 기회를 가졌다.

일단 가봐요. 해봐야 알지

지난 30여 년간의 직장생활을 거치며 나는 자리가 사람을 만든다는 말을 믿게 되었다. 모든 사람이 그 자리에 올라가기 위해 항상 준비되어 있는 것은 아니기 때문이다. '나는 아직 이 자리에 올라갈 준비가 안 되어 있어', '이 자리는 너무 과분해'라는 생각으로 자신을 끊임없이 과소평가하는 여성 직장인들을 자주 보았다. 자기 평가를 박하게 하면서, '지금 잘하고 있는 나는 진짜가 아니야. 언젠가는 들통날 거야' 라고 생각하는 임포스터 신드롬을 겪는 여성 직장인들.

한 조사에 따르면 85%의 미국 직장 여성들이 임포스터 신드롬을 겪고 있다고 하고, 또 81%가 남자보다 일을 더 잘해야 한다는 심리적 압박을 느낀다고 한다. 이런 압박감을 느끼는 여성 직장인들이 더 큰 자리에 가서도 계속 일을 잘해낸다. 그렇기에 자기 불안감 때문에 더 큰 자리에 도전하지 못하는 동안 더 준비되지 않은 남성들이 그 자리를 꿰차는 경우를 보게 되면 마음이 편치 않다.

자존감은 남들이 만들어주는 것이 아니다. 말 그대로 자신의 능력과 가치에 대해 자기가 어떻게 평가하는가의 문제다. 있는 그대로의 모습을 직시하면서 부족한 것은 인정하고 강한 점은 끊임없이 스스로 존중해줄 때 비로소 자존감이 완성된다. 내가 이렇게까지 노력해왔는데 자신의 수고에 대해 적극적으로 대가를 주지 않으면, 앞으로 더 노력해서 나아가고자 하는 의지도 생기지 않는다. 스스로 나를 인정하지 않는데 동기부여가 될 리 만무하다. 그 자리는 내가 차지해야 마땅하다고 자기 스스로에게 끊임없이 말해주고, 그것을 위해 부족한 부분을 채우려는 노력을 지속할 때, 나를 믿고 더 나아갈 힘이 생기는 것이다.

지금 당장은 자신이 부족해 보이더라도 무슨 일이든 일단 해봐야 알 수 있다는 마음가짐을 가져보자. 일단 해봐야 내 한계를 알 수 있다. 해보지 않으면 모른다. 나 역시 늘 '일단 해보자, 일단 해보자' 라고 주문을 외운다. 새로운 프로젝트를 맡을 때에도, 하루아침에 해결할 수 없는 어려운 미션을 부여받을 때에도, 일단 가보면 어떻게든 되겠지 되뇌면서 시작한다.

내가 무척 좋아하는 영화 〈스타워즈〉의 레아 공주 역을 맡은 배우 캐리 피셔는 이런 말을 했다. "두렵겠지만, 어쨌든 해보세요. 중요한 것은 행동입니다. 자신감이 생길 때까지 기다릴 필요가 없어요. 그냥 하면 결국 자신감이 따라옵니다." 자신감은 내게 뭐가 있어서 생기는 것이 아니라, 일단 뭘 시작하고 나서 생기는 것이다. 업무에서 뒤처지는 것 같다면 학원을 끊든 대학원을 등록하든 온라인 강의를 듣든 공부라도 해보자. 자신감은 그런 곳에서 생긴다. 모든 건 내가 그동안 들인 시간, 노력, 애씀의 결과다. 어제의 나는 부족했더라도, 지금 시간을 들이면 미래의 나는 충분히 달라질 수 있다.

'뭐 한번 해보고 정말정말 못하면 하던 일로 돌아오자'라는 생각으로 하면 세상에 어려운 일이 별로 없다. 그러니 지금 눈앞에 있는 기회를 잡을까 말까 주저하고 있다면, 다음을 기약하지 말고 일단 잡아보면 좋겠다. 그리고 한번 외워보라. "일단 해보자." 그렇게 자리를 차지한 다음은? 꽉꽉 채우는 일만 남았다.

CHAPTER 13

구글 디렉터의 짠 내 나는 영어 분투기

혀도 굳고, 머리도 굳어 방금 외운 단어는 돌아서면 잊는다. 그래도 나는 여전히 매일매일 영어 공부에 올인하고 있다. 구글 본사 커뮤니케이션팀에서는 내가 최초의 비영어권 출신 디렉터라고 한다. 전 세계 언론 담당자로서, 검색이나 안드로이드를 비롯하여 픽셀폰 등 하드웨어에 이르기까지 구글의 온갖 부서에서 개발되고 있는 기술과 그 기술 이면에 있는 혁신성에 관한 스토리를 외부에 전하는 일을 한다. 전 세계 언론을 상대하는 최전방에 서 있는 입장에서 작은 영어 실수 하나가 돌이킬 수 없는 결과를 부를 수도 있고, 내 말 한마디, 내 이메일 한 개가 구글을 대표하기 때문에 단어 하나, 표현 하나에도 잘못이 없는지 늘 부담감이 뒤따른다.

"하이"도 못 하는 사람

그 어렵다는 '꾸준히 하기'가 취미이자 특기인 나에게도, 영어는 늘 좌절감을 주고 주눅을 들게 한다. 해도 해도 모자라고 늘지 않는 것 같다. 그동안 '프레그런트(fragrant)' 발음해온 영어 단어가 '프레이그런트'였다는 사실을 알게 되었을 땐 이런 말이 절로 나왔다. "50년을 정말 헛살았어!" 오늘은 'paralleled(평행하게)'라는 단어를 50번 넘게 발음했지만 정확한 발음이 안 나온다. r과 l이 왜 이리 붙어 있는지, 떨어져 있어도 힘든 마당에! 혀를 깨물고 싶은 심정이다. 물론 50번 해도 안 되는 날에는 100번을 하고, 다음 날에 또 이어서 한다. 그러면 조금, 아주 조금은 수월해진다.

그렇다. 나이 쉰이 넘어 디렉터 레벨이 되어서도 영어는 매일매일 넘어야 하는 벽이다. 나는 독어독문과를 나왔지만 언어 센스가 그렇게 좋은 편은 못 된다고 늘 생각했다. 대학 졸업 이후 영어 공부도 끊은 지 오래였다. 어휘력도, 문장력도 좋은 편이 아니었지만 가장 취약한 부분은 바로

'말하기'. 30여 년 전 미국 대학교로 편입을 준비하던 남편과 함께 미국으로 건너갔을 때, 나는 문자 그대로 단 한마디도 제대로 말하지 못하는 상태였다. 외국어 실력 향상의 조건은 언어 실력이 절반이고 나머지 절반은 자신감이라는데, 자신감까지 없었으니, 누가 말 거는 게 두려워서 눈길 마주치는 것도 피하곤 했다.

내 생애 처음으로 미국 땅을 밟은 날. 남편이 다니는 학교의 학생 아파트로 이사를 마치고, 인사라도 하려고 한국 과자를 챙겨 들고 옆집으로 향했다. 문을 두드리기 전 내 머릿속은 영어 인사를 연습하느라 정신이 없었다. '하우 두 유 두?' 중학교 영어 교과서에서 사람을 처음 만나면 하는 인사말이라고 배웠던 것을 상기했다. '하우 두 유 두?' 악센트가 어디에 있었지? 아니, '하우 두 유 두?'가 아니라 '하 와 유?'로 해야 하나? 중얼거리고 있는데 이웃집 문이 덜컥 열렸다. "하이! 아임 미리엄!(Hi I'm Myriam)."

문이 열리면서 나를 맞은 건 일곱 살짜리 여자아이. 그 뒤로 아이 엄마가 따라 나오며 "하이, 아임 마르조(HI, I'm Marjo)"라고 인사를 했다. 순간 나는 그대로 굳어버렸다. '아, 아이에겐 또 어떻게 인사하는 거야.' "하이!" 같은 인사말은 1980년대 영어 교과서나 『성문 종합영어』에 없었다(아니면 내가 그조차도 기억을 못 하던가!). 그랬다. 그 시절에 내가 배운 교과과정은 지금의 체계적인 영어학습법 발끝도 따라가지 못할 정도로 형편없었다. 선생님이 가르쳐주는 대로 수요일(Wednesday)도 '웨드니스데이'로 발음하며 스펠링만 줄줄 외웠을 뿐이다. 그런 상태로 미국에서 살게 되었던 것이다.

이후 2년 동안 나는 동네 커뮤니티 대학에서 무료로 제공하는 영어 프로그램을 들으며 대학원에 진학하기 위한 GMAT라는 시험을 준비했다. 고3 수험생 때보다 피나는 노력을 했지만, 영어 말하기 실력은 물론 성적도 영 지지부진이었다. 영어가 안 되는 만큼 시험 준비도 제대로 하지 못해서 기대했던 좋은 학교에 진학하지 못한 것은 두고두고 아쉬웠다. 이후 남편과 떨어져 혼자 지내면서 5학기 동안 MBA 석사 과정을 밟으며 영어를 미친 듯이 공부했다. 실력도 꽤 많이 늘었다.

죽기 전에 영어 한 번 잘해보고 싶다

나름 영어 자신감을 탑재하고 한국으로 돌아왔다. 모토로라코리아 커뮤니케이션팀에서 일하면서 영어 문서 작업과 영어 회의는 일상이 되었지만, 대부분 쓰는 언어와 형식이 정해져 있었기에 업무에 어려움은 없었다. 그다음 직장인 릴리에서도 마찬가지였다. 그래서 더 노력하기보단 지금까지 익힌 영어를 유지만 해도 되겠다는 생각으로 스트레스를 별로 받지 않았고, 영어 공부에 더 이상의 투자도 하지 않았다.

그러다가 30대 후반에 구글코리아에 오게 됐다. 당시 내 영어는 자신감은 있는데 앞뒤 문장이 바뀌고 시제가 안 맞고 단·복수가 어긋나 버벅대는 영어. 내 영어 실력으로는 이색적인 단어나 섬세한 표현을 즐겨하는 커뮤니케이션팀 사람들의 대화를 100% 이해할 수는 없었고, 여러 명이 하는 회의도 따라갈 수가 없었다. '못 알아들으면 어떡하나, 내가 잘 따라가고는 있는 건가, 방금 했던 말이 뭐지?'라고 잠깐 한눈파는 사이 회의는 저만치 진행되고 있었다. 게다가 화상회의는 대면 미팅보다 영어 말하기가 더 어렵다. 모두 똑똑한 사람들이라 할 얘기가 많고 말도 엄청 빨라서 적당한 타이밍을 치고 들어가기도 만만치 않다. 이건 지금도 가장 힘든 점이다.

영어 짬밥은 쌓이는데 영어 실력은 느는 것 같지 않은 나날이 이어졌다. 이 정도면 됐지, 내가 미국에서 태어나지도, 어릴 때 살지도 않았는데, 어떻게 더 잘할 수 있겠어. 너무 자신감을 잃지 않으려고 스스로 그런 한계선을 만들어놓았다. 그러던 어느 날 문득 이런 생각이 들었다. '죽기 전에 영어 한번 잘해보고 싶다.' 이대로라면 커리어 발전에도 제약이 생길 것이 불 보듯 뻔했다. 이제 더 이상 영어 공부를 미룰 수 없었다. 말은 알아들어야 일을 할 수 있지 않은가. 그때 내 나이 마흔. 나는 다시 개미지옥 같은 영어 공부의 세계로 향하게 됐다.

제발 영어는 꼭 하세요

꼭 구글러가 아니더라도, 네이티브 스피커가 아닌 이상 영어 고민이 없는 직장인은 없을 것이다. 작은 회사든 큰 회사든, 국내 회사든 외국 회사든, 내근직이든 영업직이든, 해외 담당 파트든 국내 담당 파트든 직장인에게 영어는 매우 중요하다. 지금도 중요하고 앞으로의 커리어 패스에서도 더 중요해진다. 어느 순간부터 후배를 만나거나 하다못해 고등학생, 대학생들을 만나 멘토링할 때마다 가장 강조하는 것이 영어 공부다.

영어가 중요한 이유는 100개도 더 들 수 있지만, 딱 두 가지만 말하면 다음과 같다. 첫째, 향후 커리어 개발에 막강한 기회가 된다. 둘째, 영어를 잘한다면 지금 하고 있는 업무도 더 잘할 수 있게 된다. 영어 잘하는 사람과 못하는 사람이 얻을 수 있는 기회의 차이는 90대 10이라고 해도 과언이 아니다. 흔히 내가 드는 예가 있다. 전 세계 웹상에 있는 모든 문서 가운데 한국어 문서는 얼마나 될 것 같은가? K-팝, 한류 영화가 잘나간다는데, 아마도 10%? 아니면 8%? 한마디로 '땡'이다.

전 세계 웹사이트의 언어를 분석한 결과 영어 문서가 차지하는 비중은 62%라면, 한국어 문서는 0.5%에 불과하다. 채 1%가 안 된다. 한국어 자료만 찾아본다면, 중요한 자료는 물론 기회를 얼마나 많이 놓치게 될까? 영어가 전체 언어에서 얼마나 큰 몫을 차지하고 있는가를 보여주는 데이터다.

그만큼 영어는 그냥 잘하면 좋지가 아니고 기회의 문을 정말 '좌아아아악!' 열어준다. 토플 성적이 그럭저럭 괜찮고 GRE나 GMAT 성적도 좋았더라도 직장 영어는 많이 다르다. 영어를 70%만큼 잘하는 사람들이 아주 많다면 그 수준을 조금 넘어서는 사람의 비율은 극히 적은 편이다. 특히 구글처럼 영어로 토론하고 설득까지 해야 하는 상황에서는 70% 정도 잘하는 수준이 아니라 정말 잘해야 한다. 직장에서의 모든 의사결정은 결국 설득의 과정이기 때문에 영어로 커뮤니케이션을 잘하면 그만큼 일도 잘할 가능성이 크다.

국내 취업시장은 완전히 레드오션이지만, 해외로 눈을 돌리면 수많은 기회가 있다. 코로나19로 인해 힘든 상황 속에서도 실리콘밸리에서는 지난 2년간 무수한 인재를 뽑았다. 구글의 전체 직원 수는 2019년 말 11만 8000명, 2020년 말 13만 5000명, 그리고 2021년 말 15만 6000명으로, 코로나19가 발생한 뒤 2년 여 동안 매년 15% 이상 꾸준히 증가했다. 구글만이 아니다. 실리콘밸리에서는 인재 전쟁이 계속되고 있다. 채용팀은 우수한 인재를 한 명이라도 더 많이, 하루라도 더 빨리 채용하려고 안달이다. 인도, 중국, 타이완 등 미국 밖에서 오는 친구들이 부지기수다. 실리콘밸리 테크 기업의 문을 두드리는 일의 시작은 영어다. 물론 기본 전문성이 있다는 가정하에.

지금까지와는 다른 커리어 패스를 고민하고 있다면, 지금 내 영어는 어느 수준인지 먼저 점검해보는 게 좋다. 더 큰 세계에서 다양한 기회가 우리를 기다리고 있다. 가고 싶은 길이 있고, 그 앞에 기회가 있다면 지금 바로 영어의 세계에 뛰어들어보자.

CHAPTER 14

마흔에도 시작할 수 있는 영어 공부 팁

미국에 온 지 3년, 그동안 새로 알게 된 영어 단어나 표현, 혹은 틀렸던 발음이나 문법 등을 매일매일 정리해놓았다. 이제 그 문서의 양이 1400쪽을 넘었다. 동료가 보내온 이메일에 낯선 표현이나 나중에 써보고 싶은 표현들, 각종 리포트에 나온 표현들도 달달 외우고 있다. 그렇게 영어 공부를 오랫동안 해왔는데도, 매일매일 새로운 표현과 단어가 쏟아져 나온다. 그러면 나도 모르게 한숨이 나오지만 포기하지 않도록 나 자신을 다독인다. "영어 단어수는 infinite(무한한)인 게 아니라 finite(한정적)이잖아? 그럼 끝이 있다는 거지. 오늘 한 개 알게 되면 그 끝에 조금씩 가까워지고 있는 거네."

10년 넘게 영어를 진지하게 공부해온 사람의 한 가지 팁이 있다면, 영어 공부는 빨리 시작할수록 좋다는 것이다. 40대에 영어 공부를 다시 시작하려니 정말 죽을 맛이었다. 아무리 외우고 반복해도 며칠 뒤에 다시 백지상태가 되는 듯한 기분은 정말 사람을 지치게 만들었다. 하지만 이미 지나간 시간을 되돌릴 수 없다면, 아주아주 시간을 많이 투자하면 어떻게든 된다.

팁 1. 꾸준히 하는 장치 만들기

영어 공부의 경우 어떤 교재나 선생님을 선택하느냐보다 꾸준히, 중단하지 않고 하는 것이 중요하다. 오프라인 수업을 듣거나 친구들과 같이하면서 꾸준히 공부하도록 서로를 독려하고 강제하는 장치가 필요하다. 물론 어렵다. 바쁘고 힘들면 가장 먼저 중단하게 되는 게 영어 공부다. 바로바로 효과가 나타나지 않고 일상에서 영어 때문에 곤란한 상황이 별로 없기 때문이다. 그래서 나는 아예 처음부터 오프라인 수업을 동료와 함께하는 장치를 만들어버렸다.

처음에는 구글코리아 직원 세 명 정도를 모아 그룹을 만들고 영어 강사를 섭외해서 주 2회 수업을 들었다. 그렇게 몇 년을 이어가니 한 명씩 그만두기 시작해 영어 공부 그룹에는 나 혼자 남게 되었다. 이후 7년 동안 1대 1 수업을 이어가면서 하루하루 달라지는 영어 실력을 실감했다. 원어민 튜터와의 회화 공부는 미국에 온 지금도 주 4회씩 이어가고 있다(출장이 있는 주는 주말에 보충 수업을 한다). 한 시간 수업을 듣기 위해 30분 정도 준비를 해야 하니 매일 한 시간 반은 꾸준히 공부를 하는 셈이다.

미국에 오자마자 가입한 토스트마스터즈 클럽도 영어 스피치 연습을 하는 장치 중 하나다. 스피치를 위해서는 스토리를 만들고 서사를 쌓아가면서 사람들이 귀 기울일 만한 자기만의 색깔이 담긴 언어를 구사해야 한다. 매주 한 번씩 있는 미팅에서 메인 스피치 발표도 하고 즉흥 발표도 하면서 새로운 표현을 써먹는다. 한국에 있는 친구들과 SNS에 1일 1 영어 표현 올리기도 2년째 하고 있는데, 매일 새롭게 알게 된 단어나 표현, 혹은 발음을 공유하면서 복습하는 데 매우 큰 도움을 받고 있다.

팁 2. 나에게 맞는 영어 콘텐츠 찾기

꾸준히 들어도 지겹지 않을 내용과 교수법을 갖춘 동영상

채널을 찾아 들어보자. 미국 드라마도 좋고, 팟캐스트도 좋다. 영어 콘텐츠를 계속 귀에다 꽂고 있으면 영어 공부를 하는 동시에 새로운 이슈와 정보를 업데이트할 수 있어 일거양득이다.

최근에 나는 SNS에 이런 글을 올렸다. "나는 오디오북과 사랑에 빠졌다. 생각만 해도 가슴이 두근거린다!" 물론 오디오북에 처음부터 빠진 건 아니었다. 오히려 그 반대다. 오디오북을 시작했을 때 내 마음은 피바다였다. 팟캐스트나 유튜브의 영어 콘텐츠는 대부분 구어체이고 대화로 진행되어 이해하기가 쉬운 반면, 책은 완결된 문장과 정교한 표현을 찾아 탈고에 탈고를 거듭하면서 정제되고 완성된다. 그만큼 정교한 영어를 배울 수 있다.

그 이유로 첫 오디오북으로 톰 행크스가 내레이션한 『더치 하우스(The Dutch House)』를 골랐다. 그러나 잔뜩 기대했던 첫 오디오북은 나에게 좌절감과 패배감을 안겼다. 톰 행크스는 때로는 강하고 빠르게, 때로는 느리고 부드럽게 완벽한 어조로 책을 읽었지만 나는 전혀 이해를 못 했다. 어느덧 1장이 끝났는데 도대체 뭘 들었는지 알 수가 없었다. 1장을 이해하지 못해서 다음으로 넘어가지 못하고 일주일 넘게 멈춰 있을 때면 마치 연옥에 있는 것 같았다. 그러다가 열 번째 반복해서 듣던 날, 기적적으로 1장을 이해할 수 있게 됐다. 그리고 다음 장으로 넘어갔다.

오디오북 열 권 정도를 떼고 나서야 들었던 곳을 다시 듣고, 또다시 듣는 반복 횟수가 점점 줄어들기 시작했다. 처음에는 열 번, 그다음에는 일곱 번, 네 번, 두 번. 요즘은 운이 좋으면 전혀 반복하지 않고도 충분히 이해하고 넘어간다. 그럴 때면 하늘을 나는 기분이다. 이런 우여곡절이 있지만 2021년부터 지금까지 총 100권의 오디오북을 들었다. 한 권의 평균 길이가 10~17시간 정도인 영어 오디오북을 매번 최소 두 번씩 반복해 들었다고 치면 1년 6개월간 약 3000시간을 쏟은 셈이다.

팁 3. 오늘 배운 영어 중 한 개는 바로 써먹는다

영어에 아무리 인풋이 많아도 아웃풋으로 자연스럽게 나오려면 100번은 연습해야 한다. 동영상이나 영화에서, 또는 오디오북에서 "저 표현 딱인데?" 했던 것이 있다면 그냥 알고 넘어가지 말고, 꼭 써먹어보자. 이메일을 쓰거나 말을 할 때 새롭게 알게 된 표현을 사용해보면 좋다. 글로 써보고 입 밖으로 내보면서 나에게 한 번 더 각인시키는 것이다. 나는 그날의 대표적인 단어와 표현 네다섯 개를 '그날의 표현/단어'로 골라 책상 앞에, 또는 내가 고개를 들면 보이는 곳에 놓인 화이트보드에 써놓는다. 회의할 때든, 메일을 쓰거나 채팅을 할 때든 적어놓은 단어를 꼭 사용해본다.

이런 노력을 안 하면 매일 자주 쓰는 표현들만 쓰게 된다. "저도 동의해요"라고 말할 때 "I agree."라고 할 수 있지만, "I can relate to you." "I couldn't agree more." 등 좀 더 풍부한 표현을 쓸 수도 있다. 지난 미팅에서 한 동료가 "We have a quorum. Let's get started."이라는 말을 했다. 대충 quorum(최소한의 정족수)이 뭔지 짐작은 했지만 내가 늘 쓰던 단어는 아니었다. 그 단어를 기억해두었다가 그다음 주 내가 주관하는 미팅에서 바로 써먹었다. "I think we have a quorum. Let's get started." 그런 식으로 하나하나 어휘력과 표현력을 늘려가고 있다.

팁 4. 영어 공부 한다는 사실을 주변에 알리자

금연이나 다이어트 결심과 똑같다. 민망함과 창피함을 무릅쓰고 모르는 단어나 표현이 나오면 자주 물어보고 피드백을 받아보자. "나 영어 공부 하고 있어. 내 영어 어떤 것 같아?" "너 영어 완전 늘었어!" 당연히 듣기 좋으라고 한 말이겠지만 그 말을 동기부여 삼아 계속 해나갈 수 있다.

이전에 아태지역 커뮤니케이션을 총괄했던 부사장이 최근에 유럽 지부로 옮기면서 미국으로 출장을 왔다. 몇 년 만에 다시 만난 그는 나랑 대화를 조금 주고받더니 대뜸 "로이스, 영어가 기가 막히게 늘었어요. 뭐 했어요?"라며 혀를 내둘렀다. 나는 그간의 영어 분투기에 대해 들려주었다. 이런 칭찬을 들으면 으쓱해지면서 더 열심히 하게 되는 게 사람 마음이다.

지금은 주의를 집중하지 않아도, 생각나는 대로 말하는 게 가능하다. 나는 정말 배움의 속도가 느린 사람이지만 그건 느린 거지 늦은 건 아니었던 셈이다. 어떤 일에 너무 늦은 건 없다. 뻔한 말이지만 그만큼 맞는 말이다. 오늘 하면 내일 달라질 수 있다. 오늘 통하지 않는 말도 내일은 통할 수 있다. 하루가 열흘이 되고 열흘이 1년이 되고…… 그렇게 50대에도 매일매일 발전하는 영어 실력을 실감할 수 있게 된다. 일단 계속해보자. 꾸준히를 이길 방도는 없다. 특히 언어에서는 더더욱 그렇다.

CHAPTER 15

내가 먹고 싶은 건 치킨 윙이었는걸

#실수 1

몇 달 전의 일이다. 독일의 TV 매체와 프레스 인터뷰를 준비하고 있었다. 인터뷰에 참석하는 임원에게 인터뷰 절차를 미리 알려놓은 상태였다. 앞부분에 10분 정도 프레젠테이션을 하고 나머지는 질의응답을 받을 것이라고("You will give a presentation for the first 10 minutes and we will have some time for Q&As with the reporter."). 그런데 인터뷰 준비 막판에 기자가 프레젠테이션이 필요 없겠다고 하는 것이 아닌가! 그래서 인터뷰에 참석하는 구글 임원에게 이를 메일로 알렸다("You don't need to be present.").

바로 회신이 왔다. "아, 내가 참석하지 않아도 된다고?" 그제야 내가 보낸 메일을 다시 찾아봤다. 헉. 깜짝 놀라 다시 회신을 보냈다. "아니아니, 그게 presentation(프레젠테이션/발표)은 필요 없지만 너는 present(참석)해야 해!" present와 presentation을 헛갈리는 아주 초보적인 실수를 저지른 것이다. 그가 확인 답장을 보내지 않았다면 큰일 날 뻔했다.

#실수 2

작년 말에 뉴욕에 출장을 갔다. 비행기가 연착을 하는 바람에 호텔 주변에서 간단히 식사를 하기로 했다. 메뉴판을 보고 '(치킨) 윙(wings)'을 시켰는데, '(어니언) 링(rings)'이 나왔다. 윙과 링의 발음이 명확하지 않아 못 알아들은 것일까. 너무나도 시끄러운 바여서 그랬을 수도 있겠다 싶다. 어니언링도 맛있었지만 속이 쓰렸다. 아직 멀었군!

#실수 3

2020년 영화 〈기생충(Parasite)〉이 오스카상을 받고 얼마 안 되어, 구글에서는 프라이빗 시사회를 했다. 주변 친구를 초대해도 된다고 해서 나는 당장에 메일을 썼다. 제목은 "Subject : screening parasite". 그런데 옆자리 동료가 갑자기 내게 슬그머니 다가오더니 낮은 목소리로 물었다. "로이스, 그래서 병원은 가봤어?" 얘가 무슨 소리를 하나 싶어 되물으니, 이 친구는 내 메일 제목만 보고 내가 '기생충이 있는지 검진을 받았다(screening for parasites)'고 생각한 것. 아마도 "screening the movie, Parasite"이라고 했다면 오해가 없었을 것이다. 점 하나, 대문자 하나가 영어에서는 큰 오해를 낳는다.

'콩글리시' 발음, 꼭 고쳐야 할까?

몇 년 전 필립과 함께 인디애나주의 한 도시를 여행할 때의 일이다. 저녁 무렵 호텔 체크인을 하는데, 프런트 직원이 아들에게 말했다. "아드님은 억양이 없는데 어머니는 억양이 있네요?" 아이의 영어를 칭찬하려는 의도였겠지만, 나는 내 영어를 지적당했다는 생각에 얼굴이 벌게졌다.

나는 이 경험을 토대로 토스트마스터즈 클럽에서 '영어에 대한 생각'이라는 주제로 발표를 했다. 영어를 얼마만큼 원어민처럼 해야 하는가. 내 (비원어민적인) 억양, 아무리 해도 잘 안 되는 콩글리시 발음을 언제까지 속상해하고 창피해해야만 하는 걸까? 이런 의문에 관한 나 나름의 답은 그냥 언어적 습관의 차이일 뿐이라는 것이다.

한국어는 분할된 음절로 이뤄져 있기 때문에 모든 단어와 소리를 의도적으로 뚜렷하게 발음하는 경향이 있다. 예를 들어 strike를 발음한다면 스, 트, 라, 이, 크라고 끊어서 5음절로 발음한다. 이 단어는 영어에서는 1음절 단어다. 한국어에는 자음만으로 이루어진 단어가 없기 때문에 자연스레 '으' 혹은 '이' 모음을 붙이게 된다. 내 영어 튜터도 내가 신경을 안 쓰면 '머취이(much)', '피취이(peach)'라고 말한다면서 맨 마지막 '이' 발음을 하지 말라고 주의를 준다. 이건 영어와 한국어의 서로 다른 언어적 성격에서 나오는 발음과 악센트 문제다.

말할 때 나오는 행동 습관도 무시하지 못한다. 나는 아직도 갑자기 좋은 생각이 떠오르거나, 깜박했던 것을 떠올릴 때면 "맞다" 하면서 박수를 친다. 레스토랑 예약을 취소해야 한다는 것을 떠올리면 "아 맞다! (박수 짝) 취소해야지!"라고 말하는 것이다. 그럴 때면 원어민 친구들은 천둥소리라도 들은 것처럼, 아니면 내가 날아다니는 모기라도 잡은 것처럼 깜짝 놀라곤 한다. 나는 좀 머쓱해진다. 아, 그냥 내 습관이라고.

아직도 영어로 전화 통화를 할 때면 딱히 동의를 표해야 하는 상황이 아닌데도 "예스, 예스(yes, yes)"를 남발한다. 내가 지금 듣고 있다는 것을 드러내기 위해 한국어에서

"네, 네, 네"를 여러 억양으로 쓰는 것처럼 말이다. 그래서 습관처럼 "예스"라고 해놓고 "아, 그러니까 이건 내가 동의한다는 뜻은 아니야"라고 당황스럽게 덧붙이기도 한다.

한국어 억양, 나만의 브랜드가 되다

앞선 예들은 한국어 억양과 말하기 스타일이 영어에 녹아든 몇 가지 예에 불과하다. 나는 영어로 말할 때 내 한국어 말하기 습관이 튀어나오면 낯이 뜨거워지곤 했다. 하지만 나의 모국어 억양이 로이스라는 사람의 캐릭터 일부라고 생각하니, 내 억양이나 한국식 행동들이 불쑥불쑥 튀어나와도 너무 속상해하지 않게 되었다.

한번은 여러 명이 얘기하고 있는데 누군가 날 깜짝 놀라게 해서 나도 모르게 "엄마야!"라는 말이 튀어나왔다. 이렇게 불시에 튀어나오는 감탄사들은 아무리 영어를 해도 모국어는 뼛속 깊이 배어 있구나 깨닫게 한다. 요즘은 주변 동료들이 내가 "엄마야"라고 하면 놀라서 내뱉는 말인 줄 알아차린다. 그럴 때 나는 동료들에게 이렇게 말한다. "너도 놀랐을 때 '웁스(oopse)'라고 하지 말고 '엄마야'라고 해봐!"

영어의 억양은 나만의 이야기를 담고 있다. 다른 문화에 대해 궁금해하는 사람들에게, 나의 독특한 억양은 자신만의 흥미로운 얘깃거리를 끄집어낼 수 있게 해준다. 그리고 다른 사람들로 하여금 나를 기억하게 하는 나만의 브랜드가 되기도 한다. 구글에서 내가 기억하는 동료보다 나를 기억하는 동료가 훨씬 많게 된 이유 중 하나도 바로 나의 억양이 아닐까. 나의 모국어 유산이 나를 특별하게 만들어준 것이다.

소설 『파친코』의 이민진 작가는 최근 하버드대 강연에서 언어 차이 때문에 걱정하는 학생에게 이런 조언을 했다. "주변에선 제가 한국말을 잘 못하기 때문에 뭘 모른다거나, 사실을 말하지 않는다면서 깎아내리는 사람도 많죠. 하지만 그럴 때마다 '어쩌라고' 합니다. 이 자리에 나보다 한국에 대해서 잘 아는 사람은 많겠죠. 하지만 저는 그 누구보다 더 잘 '느끼고' 그것을 소설적 기법으로 표현하는 방법을 압니다. 그것이 내가 하는 일이고, 이 일에 최선을 다할 것입니다." 원어민 영어에 미치지 못한다 하더라도, 30년 직장생활로 얻은 나의 전문성과 그 안에서 최선을 다하는 자세는 평가절하되지 않는다. 그 사실이면 충분하다.

한국에서 태어나 인생의 대부분을 한국에서 살아온 내게 영어에서 모국어의 억양이 느껴진다는 것 역시 너무도 당연한 일이다. 영어에 담긴 특별한 억양은 지금 내가 영어와 싸우고 있다는, 새로운 세계로 나아가기 위해 인내하고 노력하고 있다는 증거다. 그러니 모국어 억양에 자부심을 갖지 않을 이유가 없다. 당신이 만약 원어민과의 대화 앞에 주눅 들어 있다면, 당당하게 말해도 좋다. 우리는 다른 언어를 사용하는 사람이고, 당신과 대화하기 위해 영어와 싸우고 있는 중이라고.

한 걸음, 한 걸음

제자리걸음을 하는 것 같아

답답할 때도 있겠지만

멀리서 보면 우리는 나아가고 있다.

인생의 어떤 순간, 어떤 문제 앞에서도

내 호흡을 믿고 끝까지 나아갈 때

비로소 나의 세계가 확장되는 것이다.

다시 일어나는 힘,
마음의 코어 만들기

CHAPTER 16

언젠가는 나도 소리 낼 수 있겠지

나는 성격이 급한 편이다. 자판기 커피를 마실 때는 버튼을 누르자마자 추출구에 손을 넣어 아직도 커피가 채워지고 있는 커피 컵을 잡아챈다. 컵라면은 3분을 채 못 기다리고 서걱서걱 덜 익은 면을 먹는다. 냉장고에서 음식을 다 꺼내기도 전에 다른 손으로는 문을 닫아버려 손을 찧기도 한다. 이 급한 성격은 업무에도 예외가 없다. 메일은 들어오자마자 짧게라도 바로 답장을 보내려고 하는 편인데, 종종 오타가 나거나 다 쓰지도 않고 발송 버튼을 누르는 경우도 있다.

포기하는 게 무섭지 못하는 건 두렵지 않다

이렇게 매사에 급한 성격이지만, 신기하게도 포기하는 일만큼은 급하게 하지 않는다. 뭐든 못해도 꾸준히 하고 지루해도 즐겁게 하는 것이 내 성격의 최대 장점이자 단점이다. 누가 하루 종일 인형 눈을 달고 있으라고 해도 재밌게 할 수 있을 정도로, 뭐든 꾸준히, 집중해서 한다.

그런 내 성격을 단적으로 보여주는 것이 바로 '대금' 연주다. 나와는 성격도 재주도 완전히 다른 필립이 피아노를 전공으로 선택하면서, 엄마로서 악기 하나는 배우고 싶었다. 대금은 약 80센티미터가 넘는 아주 긴 대나무에 취구를 뚫어 가로로 부는 악기다. 전 세계에 이렇게 연주하는 악기로는 대금이 유일하단다. 낮은 음역대부터 높은 음역대까지 모두 소리를 낼 수 있고, 묵직한 울림이 마치 현악기로 치면 첼로처럼 사람의 마음을 움직이는 매혹적인 악기다. 처음엔 대금이 배우는 사람이 거의 없는 악기라는 점이 너무 맘에 들었다. 악기가 워낙 길어서 연주를 하려면 손가락 사이를 넓게 벌려야 하는데, 그 때문에 과거 유명 대금 연주자 대부분이 남성이었다. 또 도전 의식을 자극하는군. 힘든 만큼 성취의 열매는 더 달 것이니 선택하지 않을 이유가 없었다.

아니, 그런데 어렵다고만 하고 아예 소리를 내는 것조차 힘든 악기라는 건 왜 아무도 알려주지 않은 거지? 대금은 기를 쓰고 불어도 삑 하는 소음조차 허락하지 않는 악기였던 것이다. 어쩌다가 삑 소리가 나도 대체 내가 뭘 했기에 소리가 났는지 알 수가 없다. 내 손가락은 그 긴 대금을 연주할 만큼 유연하지 못해서 운지도 제대로 안 된다. 더운 날 땀을 삐질삐질 흘리면서 한 시간 반에 걸쳐 레슨을 받으러 가서는, 30분 레슨 시간 내내 연주는커녕 후후 바람 소리만 내다가 오는 날이 다반사였다. 그리고 다시 한 시간 반에 걸쳐 집으로 돌아올 때면 좀 과장해서 "아, 내가 죽으면 다 대금 때문이야"라는 말이 절로 나왔다.

나는 그렇게 소리가 나지 않는 대금을 2년 동안 불었다. 소리는 나지 않았지만 그래도 계속했다. 대금이 그래도 좋으니까. 소리가 너무 나질 않아 짜증이 나고 기분이 바닥을 칠 때면 1년 전을 떠올렸다. 여전히 제 음을 못 내지만 그래도 1년 전과 비교하면 조금은 나아졌으니까. 이렇게 하다 보면 언젠가는 좋아지겠지. 2년이 지났을 때, 드디어 대금에서 소리가 나기 시작했다.

"삑!!!"

4년이 지나서야 도레미파솔라시도를 겨우 소리 낼 수 있었고, 7년 차인 지금은 아주 초급 단계이지만 조금은 멜로

디를 따라할 수 있게 됐다. 이 정도면 나보다 나를 포기하지 않은 대금 선생님이 더 대단하다.

빠른 포기와 손절이 이익이 되는 시대에 어찌 보면 나의 '꾸준히'는 시대착오적일 수 있다. 1만 시간의 법칙이니, 꾸준히 하면 꿈은 이뤄진다느니 하는 말이 허상처럼 들릴 때도 있다. 그래서 '꾸준히'는 나의 장점이자 딜레마다. 안 되는 걸 포기하지 못하고 언제 그만둬야 할지 모르는 것이 때론 문제처럼 느껴지기 때문이다. 안 되는 것에 몰두하고 있을 때의 기회비용을 생각하면 애초에 포기했어야 할 일에 나는 시간 낭비를 하고 있는 셈이다.

7년의 시간 동안 소리도 못 내는 대금 대신 다른 일을 했더라면 뭐라도 되지 않았을까? 다른 것도 마찬가지다. 만약 내가 하루 서너 시간 영어에 몰두하지 않고 다른 활동을 했더라면 그게 더 이익이 되지 않았을까? 하나를 끝내면 또 하나 시작하는 대학원 대신에 아이와 더 많은 시간을 보낼 수 있지 않았을까? 이런 생각이 들면 뭘 하나 시작하기가 겁이 난다.

하지만 그렇게 기회비용을 따지느라 시작하지 못하면, 우리는 정작 무언가에 전념해볼 기회를 놓친다. 마치 넷플릭스 초기 화면에서 무슨 영화를 볼까 하루 종일 스크롤만 내리다가 결국 영화 한 편도 다 보지 못한 채 잠들어버리는 것처럼 말이다. 하지만 좋아하는 일에 시간과 에너지를 쏟으며 집중하고 몰입할 때, 그리고 그 꾸준함을 포기하지 않을 때 우리는 '결국 해내는 사람'으로 다시 태어난다. 일뿐 아니라 인생의 그 어떤 선택에서도 마찬가지다.

그렇게 나의 세계가 확장된다

다양한 취미를 통한 '작은 성공'의 경험을 반복하면 반복할수록 어떤 어려움 앞에서도 언젠가 나는 해낼 것이라는 막연한 믿음이 확신으로 단단해진다. 대금도 소리를 낸 사람인데, 수영도 해낸 사람인데, 검도를 4단이나 딴 사람인데, 이것도 할 수 있겠지 하는 자신감이 생기는 것이다. 아무리 불가능해 보이는 일이라도, 눈앞의 성과가 바로 나타나지 않아도, 제자리에서 많이 걸어놓아야 언젠가 크게 성장할 수 있다는 것을 이제 나는 경험으로 안다. 인생에 있어 모든 배움은 계단식. 내 일이 아닌 것 같고 도무지 실력이 느는 것처럼 보이지 않아도 꾸준히 하면 어느 순간 실력이 놀랍도록 향상되는 때가 온다. 그만큼 나의 세계는 한층 더 커져 있을 것이다.

동기부여와 좌절이 수십 번씩 반복되며 제자리걸음을 하

고 있는 것 같지만 멀리서 보면 그것은 올라가는 과정 중에 있는 것이다. 잊지 말자. 인생의 어떤 순간, 어떤 문제 앞에서도 포기하지 않고 내 호흡을 믿고 끝까지 이어나갈 때 비로소 우리의 세계가 확장된다는 것을.

CHAPTER 17

꿈의 에베레스트에서 존엄을 잃다

나는 산을 사랑한다. 남들과 비교하지도 서두르지도 않고 내 속도로 꾸준히 오르기만 하면 언젠가는 탁 트인 아름다운 풍광을 허락하기 때문이다. 회사에서의 일상은 숨도 못 쉬게 바쁘다. 너무 바빠서 화장실 가는 것을 미루기도 하고(TMI!) 띠링띠링 울리는 스마트폰과 아침부터 퇴근 때까지 연속으로 잡혀 있는 미팅이 나를 옥죈다. 잠자기 전까지 스마트폰을 들여다보지 않으면 내가 뭔가 놓치고 있는 건 아닌지 점점 불안해진다. 마치 컴퓨터를 리부팅하지 않고 계속 사용하면 점점 느려지듯이, 내 몸과 마음에도 리부팅이 필요하다. 그래서 휴가 때는 아예 물리적으로 네트워크가 안 되는 곳에서 완벽한 고립의 시간을 즐기곤 한다. 물리적인 고립을 위해 내가 선택한 장소는 주로 산이었다.

완전한 고립, 문제가 생기다

산이 있었기 때문에 나는 더 열심히 살 수 있었다. 투르드 몽블랑(몽블랑 둘레길) 트레킹으로 시작하여 히말라야 안나푸르나와 에베레스트산 베이스캠프, 킬리만자로, 아프리카 트럭킹 캠핑, 스리랑카 백패킹, 오스트레일리아의 '지구의 배꼽(울루루)' 트레킹…… 긴 인생, 오래 가기 위해 중간중간 산으로 여행을 떠나며 1년 동안 채운 것을 다시 비우고 다음 1년을 채울 준비를 하곤 했다. 이런 식의 휴가를 다녀오면 너무 많이 비운 나머지 컴퓨터 패스워드를 까먹을 정도였다.

회사와 완전히 네트워크를 끊은 채 시간을 보내고 돌아오면 우습게도 반짝반짝해진 것이 아니라 한동안 멍해져 있다. 그만큼 완전히 비웠기 때문이다. 하지만 그런 백지 같은 상태에서 시작해야 새로운 그림을 그려나갈 수 있다. 비우지 않으면 채울 수 없는 법이니까.

2008년 나는 안나푸르나 라운드 트레킹을 떠났다. 2007

년 푼힐 전망대 트레킹 이후 두 번째 히말라야였다. 고도 5000미터 패스(고개)를 두 번이나 넘어야 하는 안나푸르나 어라운드 코스로 약 13일 동안의 트레킹 계획을 세웠다. 10년 가까이 조깅으로 다져진 체력이고, 첫 등반을 안나푸르나 푼힐 전망대로 성공했으니 이번에도 꼭 완등하리라 자신만만해 있었다. 산을 타는 사람이라면 누구나 부러워할 에베레스트산에 거금을 들여 왔으니 물러설 곳이 없다는 비장함도 감돌았다. 같은 시기에 이곳에 도착한 사람들 넷이서 팀을 짜고 셰르파와 포터를 고용했다. 하루에 정해진 만큼만 제대로 이동하면 완등은 어려울 것이 없어 보였다.

포카라에서 시작하여 첫 4, 5일은 아주 순조롭게 즐기며 다녔다. 하지만 고도가 3000미터에 가까워지자 시시때때로 속이 울렁거리고 아랫배가 꾸르륵거리기 시작했다. 3000미터 이상의 고도에서 몸이 적응하지 못해 나타나는 전형적인 고산병 증상이었다. 곧이어 나는 심각한 구토와 설사 증세 때문에 도저히 한 걸음도 걸을 수가 없었다. 몸도 고역이었지만 산등성이에서 용변을 처리해야 하는 트레킹 중에, 내가 제어하지 못하도록 불시에 찾아오는 배변으로 인해 인간으로서 존엄성을 잃는 참담한 기분이 들었다. 나 때문에 더 이상 앞으로 나아가지 못하는 팀원에게 고개를 들 수 없이 미안했다. 가장 높은 5000미터 패스를 딱 이틀 앞둔 때에 벌어진 일이었다.

사실 이런 증상이 나타날 때에는 즉시 하산을 하는 것이 옳다. 아무리 전문 산악인과 함께하는 상황이어도 고산병은 생명을 앗아갈 수도 있는 무서운 증상이기 때문이다. 그런데 당시의 나는 내 심각한 몸 상태보다는 이런 고생이나 하려고 에베레스트산에 왔나 하는 후회에 마음이 무너져 있었다.

어렵게 이곳까지 왔는데 완등도 못하고 바로 하산해야 하는 건가, 나는 도대체 여기에 왜 왔을까…… 이렇게 후회하고 있는 내 모습이 실망스러웠다. 그렇다고 깨끗하게 포기하기도 힘들었다. 이렇게 보름 넘게 장기 휴가를 내려면 일에 지장이 없도록 휴가 전 한 달 이상은 고된 야근이 불가피하다. 그렇게 힘들게 휴가를 내고 오른 여행길에 후회라니, 내가 좋아서 와놓고는 왜 후회를 하지? 여행은 즐겁게 해야 하는 것 아닌가? 어렵사리 도착한 마을 숙소에서 나는 주저앉아 정말 엉엉 울었다.

그렇게 오열하고 있는데, 일행 중 한 분이 조심스럽게 다가와 어깨를 토닥이며 말했다. "힘들죠? 괜찮아요. 왜 이런 고생을 사서 하고 있나 싶겠지만, 나중에 되돌아보면 지금 여기 있는 순간을, 울고 있었더라도, 자랑스러워할 겁니다."

그 위로에 울음은 점차 잦아들었다. 그냥 갈 수 있는 만큼

가고, 즐길 수 있는 만큼만 즐기자. 그렇게 맘을 먹으니 나도 모르게 위로가 되었다. 다행히 약의 도움을 받아 상태도 많이 호전되었다. 결국 나는 조금 더디지만 5000미터 고지를 간신히 잘 넘고 간절히 바라던 완등도 할 수 있게 되었다. 비록 존엄을 잃은 여행이기는 했지만, 포기하지 않은 것이 다행이었다고 생각했다.

인생은 속도전이 아니다

그리고 다시 1년이 지나, 세 번째 에베레스트에 도전했다. 두 번째 등정에서의 흑역사를 만회하리라! 야심차게 준비한 이번 여행 코스는 에베레스트산 정상을 가장 멋있게 바라볼 수 있다는 5500미터 봉인 칼라파타르였다. 17일간 에베레스트산 베이스캠프를 트레킹하는 코스다. 매일매일 계획한 거리를 걸어 계획한 고도만큼 올라가고, 가져간 트레킹 책의 루트대로 하나하나 짚어가며 오늘의 분량을 채운다. 오후 4시 무렵 하루 일과를 마치고 마을 숙소에 들어온 나는 그날도 여행가이드 책을 보면서 내일 루트를 확인하고, 오전에 걸을 거리, 간식 먹을 마을, 점심 먹을 장소, 숙소 등을 다 정리하고는 뿌듯해하고 있었다.

내 옆에 유럽에서 온 듯한 젊은 남자 둘이서 내일 여행 계획을 짜는지 두런두런 얘기를 하고 있었다. 나는 내 계획을 자랑할 겸 그들에게 말을 걸었다. "너희 내일 계획 다 짰니? 내일은 어디까지 갈 계획이야? 잠은 어느 마을에서 자고?" 그러자 그 친구들은 어이없다는 듯이 웃으면서 이렇게 말했다. "어…… 우리는 내일 어디서 잘지 모르는데? 내일 점심 먹을 곳도 모르는데 어디서 잘지를 어떻게 알아. 우리는 그런 계획이 없어. 가다가 예쁜 길이 나오면 더 천천히 걷고, 또 날씨가 안 좋으면 마을 매점에서 따뜻한 차 한잔 하며 수다 좀 떨고, 그러다가 맘에 드는 마을이 나오면 거기서 자는 거지 뭐. 너는 내일 어디서 잘지 계획이 있어?"

순간 황당했다. "어디까지 가고 어디에서 잘 건지, 그런 계획이 없으면 도대체 완등은 어떻게 할 건데?" 그는 다시 웃으며 말했다. "꼭 정상에 가야 하는 이유가 있어? 산은 어디 가지 않는다고. 이번에 다 못 가면 또 오지 뭐."

뒤통수를 얻어맞은 기분이었다. 나는 등산을 시작한 이래 정상에 오르지 않아도 된다는 생각을 단 한 번도 한 적이 없었다. 고도가 낮은 산이든 높은 산이든 꼭 완등을 해야 의미가 있다고 생각했다. 그러니 고산병으로 고생하는 상황에서도 기를 쓰고 완등했던 것 아닌가. 회사 프로젝트를 해내듯이 촘촘히 계획을 세우며 '빡세게' 실행하는 것을 마치 잘한 여행처럼 생각했던, 속도전의 여행만 생각했던 모습이 민망해졌다. 나 스스로가 안쓰럽게 여겨지기도 했다. 나는 무엇을 위해 산을 오르는가? 회사에서처럼 '프로젝트'를 할 거라면 무엇 하러 멀리 온 거야? 자문하지 않을 수 없었다.

천천히, 뚜벅뚜벅, 그리고 길게

내가 히말라야같이 높은 산을 즐겨 오르는 데는 이유가 있다. 정복하기 어려운 목표일수록 성취감이 더 크기 때문에? 반은 맞지만, 반은 틀리다. 높은 산일수록 오히려 오르기가 쉽다. 히말라야보다는 지리산이, 지리산보다는 경기도 화악산이 오르기 힘들다. 작은 목표, 단기전일수록 마음이 조급해지기 때문이다. 고도가 높은 큰 산들은 중간중간 쉬어갈 곳이 있어서 자기 호흡만 잃지 않고 꾸준히 오르면 며칠 안에 정상에 도달할 수가 있다. 오늘 컨디션이 좋지 않아 진행이 더디더라도 내일이 있기에 호흡을 조절할 수가 있다. 즉 목표가 클수록, 가는 길은 더 여유로워지고 덜 포기하고 싶어진다. 이에 반해 섬에 혼자 우뚝 솟은 산은 비록 높이가 300미터 정도밖에 안 되더라도 해발 0에서부터 가

파른 경사길을 올라가야 한다. 또 돌아가는 배편 시간에 맞춰야 하는 부담 때문에 마음은 조급하고 등반은 더욱 어렵게 느껴진다. 마음은 급하고 몸은 따라주지 않을 때 목표를 이루는 일이 더 힘겨워지는 것이다.

내가 살아온 과정도 그러했다. 긴 인생, 커리어에서도 되도록 큰 목표를 가지고 그걸 향해 꾸준하고 묵묵하게 걸어가는 삶이었다. 큰 목표를 세우고 나면 매일매일 시간을 잘게 쪼개어서 하루를 48시간처럼 살게 된다.

그런데 그 유럽인 청년들은 여기서 더 나아가, 정상에 올라야 하는 목표마저 버리라고 말했다. 그들의 말대로 하니 놀랍게도 여행길의 즐거움이 되살아났다. 가쁜 숨을 다스리기도 하고 주변을 돌아볼 여유도, 물 한 모금, 바람 한 점의 낭만도 오롯이 즐길 수 있었다. 두 번째 등반에서는 제대로 누릴 수 없었던 히말라야의 공기를, 나는 정말 마음껏 들이마시며 진정한 쉼에 다가갔다. 이날 이후 여행에 관한 몇 가지 원칙이 더 생겼다. 철저하게 문명으로부터 분리될 것, 장기 트레킹을 할 것. 그리고 하나 더. 바로, 천천히 여행할 것!

크고 원대한 목표를 달성하는 일도 중요하지만 때로는 목표를 잊어버리는 것이 필요하다. 포기하지 않는 강인함이란 신화 같은 것. 오늘 계획한 바를 이루지 못하고 산을 내려가야 하는 상황이 오더라도 산은 여전히 거기 있다. 비록 이번에 완등을 포기하더라도 다음을 기약하면 된다. 산의 존재를 잊지만 않으면 인생은 다시금 기회를 보여줄 것이라고. 천천히, 뚜벅뚜벅, 묵묵하게, 그리고 길게.

CHAPTER 18

알파고 대국에서 한 수 배우다

"구글 15년 동안 가장 기억에 남는 순간이 언제인가요?"

"구글 15년 동안 가장 아찔했을 때가 언제였나요?"

이 두 질문에 대한 내 답은 같다.

"2016년 서울, 알파고 대국이 있었을 때입니다."

바둑 까막눈, 알파고 챌린지를 이끌다

다큐멘터리 영화 〈알파고(AlphaGo)〉를 보면 행사장 뒤편에서 이리 뛰고 저리 뛰는 내 모습이 심심찮게 나온다. 6년

이 훌쩍 지난 지금도 그날의 순간순간이 선명하게 떠오르지만, 동시에 '내 인생에 그런 일이 정말 벌어지긴 했나?' 하고 실감이 나지 않기도 한다.

2016년 3월, 나는 인류 역사상 아주 흥미로운 프로젝트 한가운데 있었다. 바로 인공지능(AI) 프로그램과 인간의 대결, 알파고 vs 이세돌 9단 간의 바둑 대국 현장. 바둑 대결에서 인간이 인공지능을 상대로 거둔 유일한 승리로 기록되는 알파고 챌린지이다.

인공지능을 활용하여 인간의 문제를 해결해보자는 취지에서 2010년 설립된 회사 딥마인드는 컴퓨터가 마스터하기에 가장 복잡한 게임이자 인공지능의 궁극적인 도전과제로 여겨졌던 바둑 알고리듬에 도전했다. 딥마인드가 탄생시킨 인공지능 바둑 알고리듬 '알파고'는 2015년 유럽 챔피언 판후이 2단과의 대국에서 승리를 거두었고, 다음해 10여 년간 프로 바둑 세계를 제패한 이세돌 9단에 도전하게 된다. 정식 명칭 '구글 딥마인드 챌린지 매치(Google DeepMind Challenge Match)', 일명 '알파고 챌린지'는 딥마인드와 구글, 이세돌 9단에게도 그랬지만 나에게도 일생일대의 도전이었다. 한국에서의 알파고 대국이 치러진 것은 3월이지만 이 행사를 사실상 총괄하는 구글코리아는 이미 수개월 전부터 그날의 무대를 만들기 위한 준비 작업을 진행하고 있었다. 구글 창업자인 세르게이 브린(Sergey Brin)과 에릭 슈미트(Eric Schmidt) 당시 구글 회장도 방한할 정도로 매우 의미 있는 행사였다.

전 세계가 주목하는 글로벌 행사에서 커뮤니케이션 전략을 담당하는 총괄로서 내게 주어진 임무가 매우 막중했다. 내가 하는 일 하나하나가 전 세계 언론을 통해 전해진다고 생각하니 버거운 한편 묘한 설렘과 긴장감이 감돌았다. 바둑 하면 떠오르는 건 까만 돌과 하얀 돌밖에 없던 내가 세기의 대결 한가운데 서게 되다니!

큰 그림부터 디테일까지, 역사적 순간을 그리다

인공지능과 인간의 대결이라는 이 역사적인 행사를 어떻게 전 세계에 전할 것인가 큰 틀에서 전략을 세우는 일부터 시작해, 한국기원과 딥마인드와 이세돌 9단 사이에서 조율하는 일은 물론, 대국장을 섭외하고 무대를 만드는 일 하나하나 우리의 손을 거쳤다. 세기의 대결이 펼쳐질 장소를 찾는 일부터 쉽지 않았다. 알파고 인공지능 프로그램을 안정적으로 돌릴 수 있는 인터넷 인프라와 제어실, 가장 중요한 대국장과 넉넉한 프레스 공간, 영어와 한국어로 실시간 중계를 하기 위한 각각의 해설장, 각종 대기실에 이르기까지 갖춰야 할 것이 많았기 때문이었다. 어렵사리 광화문에 위치한 한 호텔로 정하게 되었는데, 한국문화를 상징하는 공간에 자리한 대국장이라는 점에서 제격인 장소였다.

큰 그림을 전하는 것은 더 어려웠다. 바둑에 대해 잘 알든 모르든, 혹은 인공지능 기술에 대해 관심이 있든 없든, 대중에게 알파고 챌린지와 이 대국의 의미를 전달하는 것이 커뮤니케이션 총괄 담당자에게 가장 중요한 과제였다. '알파고가 이기든 이세돌 9단이 이기든 승리하는 것은 인간의 창의성이다'라는 메시지를 전달하기 위해 심혈을 기울였다.

구글코리아의 커뮤니케이션팀과 딥마인드의 꼼꼼한 준비 속에 모든 것이 순조롭게 진행되고 있었다. 우리는 사전 기자간담회에서 런던에 있는 딥마인드의 창업자 데미스 허사비스(Demis Hassabis)와 서울에 있는 이세돌 9단이 화상통화 중에 하이파이브 하는 모습을 연출하는 등, 대중의 관심을 이끌기 위해 애썼다. 하지만 그때까지만 해도 이 이벤트는 바둑인들만 관심을 가지는 수준이었다. 알파고 대국 당일 기자간담회 초청장에 응한 전 세계 기자 수 역시 100명이 채 되지 않았다. 우리는 혹시 모를 상황을 대비해 200명 기준, 최대 350명까지 수용할 수 있는 프레스홀을 준비했으니 괜찮겠지 안심하고 있었다.

관심이 높아질수록 긴박해지는 현장

하지만 문제는 늘 '괜찮겠지' 안심한 그 포인트에서 벌어진다. 2016년 3월 9일부터 15일까지 총 5회에 걸쳐 대국이 진행되었다. 1국, 2국을 지나 대국이 후반부를 향해 갈수록 대국장은 점점 방송국과 신문사 기자들로 붐비기 시작했다. 언론은 연일 대국 관련 기사를 쏟아냈고, 알파고 챌린지는 바둑인을 넘어 모든 사람들의 관심사가 되었다. 가판대 신문의 1면은 물론 광화문 사거리에 있는 모든 전광판에 이 이벤트에 대한 뉴스가 흘러나왔다.

하지만 대중의 관심이 높아질수록 우리는 매초를 긴박하게 달려야 했다. 대국이 하나 끝날 때마다 즉시 영어와 한국어로 언론 브리핑을 준비하고, 보도자료를 만들어내느라 정신이 없는 와중에도, 가장 큰 스트레스는 프레스홀 좌석이 모자랄까 봐 걱정하는 것이었다. 보안 때문에 프레스 참석을 위한 사전 신청을 받았는데, 취재 열기가 뜨거워지면서 사전 신청을 하지 않은 취재단의 참석 요청이 물밀듯 들어온 것이다.

3국이 진행되는 날 대국장에는 예상 인원 100명을 훨씬 뛰어넘은 500명의 기자들이 몰려왔다. 프레스홀 수용 인원의 두 배나 되는 인원이었다. 5전 3승제 대국에서 이세돌 9

단이 알파고에 두 판을 연달아 진 상황이었다. 알파고가 이겨서 3선으로 승부가 나거나, 이세돌 9단이 첫 승을 거두거나, 둘 중 어떤 결과가 나오든 대서특필감이었다.

프레스홀은 책상을 다 치우고 의자만 채웠는데도 자리가 부족했다. 세계 각국에서 온 언론사의 기자들이 앉을 자리가 없어 바닥에 앉거나 서 있어야 했고, 비디오카메라는 더 이상 세울 자리조차 없이 빽빽하게 들어찼다. 이보다 더 꼼꼼할 순 없다고 생각하며 플랜B, 플랜C까지 대비했건만, 예상은 계속해서 빗나갔다.

괜찮아, 세상 두 쪽 안 나

현장의 돌발 상황 속에서도 우리는 패닉에 빠지지 않았다. 아니 그럴 새가 없었다. 쇼는 계속되어야 하니까. 우리는 마치 주문을 외듯 수시로 이 말을 되뇌었다.

"괜찮아. 이거 못한다고 하늘 안 무너지고, 세상 두 쪽 안 나."

이 말의 힘은 정말 위대하다. 위기의 순간에는 작은 실수들도 멘탈을 무너뜨리기 쉽다. 예상을 벗어날 때마다 가슴이 철렁 내려앉고 위축되면 되레 큰 실수로 이어지기도 한다. 그럴 때 "그래 봤자 세상 두 쪽 안 나" 이 말이 묘하게 힘을 준다. 내가 상대하는 것이 세계적인 이벤트든, 혹은 권위 있는 유명 인사든, 주눅 들 필요가 없다.

"아님 말고! 이거 못해도, 세상은 망하지 않는다." 그렇게 마음을 다스린 다음에는 일이 되는 방향으로 하나하나 차근차근 풀어나가면 된다. 위기는 결국 순간에 머물기 때문에 위기다.

이세돌 9단은 4국에서 결국 알파고를 이겼다. 알파고의 수를 파악한 이세돌 9단의 기습에 알파고는 평정을 잃고 악수를 두었다. "AlphaGo resigns."라는 메시지와 함께 알파고는 패배를 선언했다.

5국을 끝으로 모두에게 긴박했던, 하루가 일 년처럼 느껴졌던 모든 이벤트가 끝났다. 결국 1승에 불과했지만, 인간이 알파고를 이긴 역사적인 순간에 세계가 환호했다. 인류에게 승리의 기억을 안겨준 이세돌 9단은 4국이 끝나고 이렇게 말했다. "한 판을 이기고 이렇게 많이 축하받아본 것은 오늘이 처음입니다. 오늘의 승리는 이 세상 어떤 것과도 맞바꾸지 않겠습니다."

이세돌 9단은 알파고와의 대국 제의를 3분 만에 수락하는 놀라운 기백을 보여줬다. "인공지능의 바둑 실력에 호기심이 많았는데, 궁금증을 해결하려면 내가 직접 대국하는 게 최선이라 생각했다." 세계 최강의 실력을 인정받은 그가 '만의 하나 내가 진다면' 걱정을 하지는 않았을까?

그는 오히려 알파고 대국을 즐기는 것 같았다. 첫 대국이 끝나고 기자간담회에서 "충격적이긴 하지만 굉장히 즐거웠다. 앞으로의 바둑도 기대가 되기 때문에 전혀 후회되지 않는다"라고 말하는 장면을 보고, 그 담대한 모습에 가슴이 먹먹해졌다. 그런 기백을 담고 싶었다. 아마도 이세돌 9단은 알파고와 대적하며 패배가 예상되는 순간에도 오직 '다음'을 생각했을 것이다. 이번 판에서 졌다고 좌절하지 않고 다음 판에서의 일격을 머릿속에 그리고 있었을 것이다.

그래, 진다고 세상 두 쪽 안 난다. 인생은 삼세판이나 다섯 대국으로 끝나지 않으니까. 죽지 않는 한 우리 인생에는 다음 판이 있다. 지금 망할 것 같아도 다시 도전하고, 제자리에 안주하지 않는 것. 어디서 무슨 일을 하든 우리가 인생에 맞서 갖춰야 하는 삶의 태도는 결국 같은 것이리라. 망할 것 같아도 오늘 다시 도전!

CHAPTER 19

프로 휴가자가 쉬는 법

미국에 와서 연을 날릴 기회가 있었다. 연을 날릴 때 중요한 점은 연줄의 텐션을 조절하는 것이다. 바람이 거센데 연줄을 너무 팽팽하게 감아놓으면 바람의 저항을 이기지 못하고 곧 끊어져버린다. 연이 끊어지기 전에 바로 연줄을 풀어서 좀 느슨하게 만들어줘야 한다. 그러면 연은 잠시 자유롭게 놀다가 이내 더 높이, 더 멀리 비상한다. 그 연을 보면서 한 후배가 떠올랐다.

직장생활 2, 3년만 할 거예요?

일 욕심도 많고 열심히 해서 초반에 남들보다 두 배는 빠르게 승진을 했던 유능한 친구였다. 그는 구글코리아에 있으면서 유럽이나 미국 팀과 프로젝트를 진행했는데, 당연히 여러 나라 팀과 서로 조율할 일이 많았다. 그런데 그 친구는 내가 어쩌다가 새벽 콘퍼런스콜이 있어서 회사에 일찍 나온 날에도 이미 출근해 있었다. 또 밤에는 12시 넘어서까지 회사에서 전화통을 붙잡고 있거나 노트북 앞에서 열심히 이메일을 보내고 있었다.

몇 번 그렇게 눈에 띄기에 이렇게 물었다. "열심히 일하는 건 좋지만, 너무 무리하는 거 아니에요?" 그 친구는 답했다. "제 시간으로 저녁이 넘어야 런던 팀하고 일을 할 수 있어요. 사실 이것만 하고 퇴근하면 되는데, 런던 팀이 보내준 걸 바로 정리해서 뉴욕 팀에 넘겨주고 또 그걸 아침에는 마운틴뷰 팀에 넘겨주면 미국 팀이 기다리지 않아도 되니까 하루를 벌 수 있어요. 그러다 보니 늘 밤을 새우게 되는 것 같아요. 그렇다고 낮에 일이 없는 건 아니니 그 일을 해야죠. 그런데 저는 이게 재밌어요."

일이 재미있다던 그 친구는 안타깝게도 건강이 악화되어 당분간 쉴 수밖에 없었다. 남들보다 빠르게 가는 것 같았지만, 결과적으로는 지속 가능하지 않은 패턴이었던 것이다. 나중에 알고 보니 그는 수년간 휴가 한 번 가지 못해 휴가 일수만 50일이 넘게 쌓여 있었다고 한다. 물론 운동도 못 하고 주말에 쉬지도 않았다. 내가 없으면 일이 안 된다고 생각하기 때문에 불안해서 쉴 수가 없었다는 것.

우리 모두 프로 휴가자가 되어야 한다

시간과 돈이 있다고 해서 모두가 휴가를 떠나는 것은 아니다. 휴가를 핑계로 일주일 이상 자리를 비우는 것이 엄두가 나지 않고 두렵기 때문이다. 이처럼 뛰어난 인재일수록 놓치는 것에 대한 두려움, 즉 포모(FOMO, Fear of Missing Out)를 떨치기 어려워한다. 이런 사람들은 모든 중요 미팅에 자신이 들어가야 안심하거나 직성이 풀린다. 프로젝트가 끝나기 무섭게 또 다른 프로젝트를 시작한다. 아무 일 없는 것을 견딜 수가 없다. 승진한 뒤에도 어떻게 하면 다음 승진을 빨리 할 수 있을까를 고민한다. 이런 팽팽한 루트에 들어가면 직장생활이 숨이 턱턱 막힌다.

2, 3년은 빠른 승진이라는 약발로 취한 듯이 일하지만 이는 전혀 지속 가능하지 않다. 나는 이런 후배들에게 늘 단호

하게 말한다. "직장생활 2, 3년만 할 거예요? 그렇지 않다면 건강을 좀 챙겨요. 속도만 보지 마세요. 그러다가는 팽팽한 연줄처럼 툭 끊어지고 말아요."

직장생활을 잠깐 하고 말 것이 아니라면 더 큰 도약을 위해 숨 돌리기는 당연히 필요하다. 자기계발, 커리어 성공, 자기발전…… 앞만 보고 달리다 보면 아무리 체력이 좋고 자기 동기부여를 잘하는 사람도 지치게 된다. 그래서 직장인에게 일만큼 중요한 게 바로 충분한 휴식과 여가다.

나는 반일 휴가든, 하루 휴가든, 또 1, 2주가 넘는 장기 휴가든 꽉 차고 알뜰하게 잘 보내는 '프로 휴가자'의 길을 추구한다. 구글 이전에 다녔던 제약회사 릴리에서는 12월 초가 되면 회사 전체가 셧다운되기 때문에 12월 중에 2~3주 정도 비교적 긴 시간을 휴가에 할애할 수 있었다. 그런데 구글에서는 휴가를 1주 이상 가는 사람이 없었다. 물론 초창기였으니 아직 선례가 없어서 그랬겠지만. 매니저들이 휴가를 어떻게 쓰는지를 보여줘야 팀원들도 따라 쓸 수 있겠다 싶어서 연말이면 2~3주 휴가 계획을 세우고 휴가를 떠났다. 처음에는 다들 눈치를 보다가 한두 사람씩 2~3주의 장기 휴가를 쓰기 시작했다.

일상의 트랙에서 벗어나기

2018년 구글 10년 차가 되던 해, 나는 프로 휴가자로서 5주 동안의 휴가를 떠났다. 스페인 산티아고 순례길의 어느 한 자락을 걸으며 완전한 고립을 누렸다. 나이 50을 앞두고 나머지 50년은 어떻게 살지 고민해보고 싶어서, 과거를 돌아보기 위해 떠난 여행이었다. 스페인에서 시작해 포르투갈까지 5주간 하루 20~30킬로미터씩 걸을 계획이었다.

한 달 넘게 혼자 외롭게 걷는 길. 하지만 길 위에서 만날 수 있는 친구가 참 많았다. 저 멀리 앞에서 걷고 있는 사람이 보이면 빨리 따라가서 동행하기도 하고, 뒤에 따라오는 누군가가 보이면 잠시 쉬었다가 합류하기도 했다. 한 400킬로미터 정도 걸은 날이었나, 그날도 길 위에서 한 여성을 만나 평소처럼 서로 자기소개를 하고 말문을 텄다. 고등학생 즈음으로 보이는 이 친구는 갭이어(gap year)를 하는 중이라고 했다. 아, 대학 가기 전 이제 막 세상에 나오는 나이구나 하고 있는데, 그게 아니라 중학교를 마치고 고등학교에 가기 전의 갭이어라고 하는 것이 아닌가.

'우리 필립보다 어리단 말이야?' 순간 "나 너보다 큰 애가 있어!"라고 말하면 나와 말을 섞어주지도 않을 것 같다는 생각이 퍼뜩 들었다. 나는 대화 주제를 황급히 옮겨버렸다. 열다섯 살이든 쉰 살이든, 더 멀리 가기 위해 잠시 쉬면서 자기 트랙에서 벗어나 보는 시간은 누구에게나 필요하구나. 그리고 내가 이곳에 오지 않았다면 이런 성숙한 친구들과는 말도 섞어보지 못했겠지 하는 생각이 머릿속을 떠나지 않았다.

산티아고에서의 긴 휴가 동안 수많은 사람을 만나며 대화를 나눴지만, 사실 가장 많은 대화를 나눈 상대는 나 자신이었다. 하루 20~30킬로미터씩 걷는 여행에선 할 일이 별거 없다. 걷고 숨 쉬고, 때때로 쉬면서 목을 축이고 배를 채우는 일이 전부다. 그리고 나머지 시간에는 어쩔 수 없이 지나온 인생을 끊임없이 돌아보게 된다. 어렸을 때의 나, 인생 반전이 있기 전의 나, 인생 반전 후의 나, 딸로서의 나, 엄마로서의 나, 직장인으로서의 나, 사회 구성원으로서의 나, 기뻤을 때의 나, 슬펐을 때의 나, 외로웠을 때의 나 등등…… 5주 동안 세상에 존재하는 다양한 나의 모습에 대해 생각하는 것이다.

삶에도 거리두기가 필요하다

그런데 나라는 사람에 대해 쪼개고 쪼개서 떠올려보면 아무리 부끄럽거나 속상한 기억도 긍정적인 기억으로 뒤바뀐다. 사실 하루하루 빼곡한 일정으로 화장실 갈 시간도 없이 보내다 보면 자기 자신에 대해 여러 각도로 들여다보는 시간과 여유를 갖는 건 불가능에 가깝다.

평소에는 이런 방식으로 생각한다. '그 팀원이 나한테 왜 그렇게 얘기했지?' 그런데 여행길에서 조금 더 시간 여유를 가지고 나를 객관화시켜 보면, '아, 그때 내가 이렇게 대응해줬으면 좋았을 텐데'에까지 생각이 도달한다. 업무에 대해서도 '아, 그 일을 그렇게밖에 하지 못해 아쉬워'라고 하다가도, '다음 프로젝트 때는 이런 방향으로 해봐야지'라고 생각하게 된다. '그때 왜 그렇게 힘들었을까?' 하던 생각도 '지금 생각해보면 그렇게 속상한 일은 아니었는데 내가 그때 피곤해서 과민반응 했던 것 같아'로 이어진다. 이렇게 반사적으로 나왔던 부정적인 생각들은 숙고에서 나오는 긍정적인 생각들로 어느덧 바뀌어 있다. 회사 안에 있었다면 좀처럼 해보지 못했을 생각들이 꼬리를 물고 이어지면서, 볼 수 없었던 것들이 보이는 것이다.

회사 바깥의 나에 대한 생각도 마찬가지다. 나라는 사람에 대해 쪼개고 쪼개서 생각하다 보면, 전혀 생각해본 적이 없고 기억나지도 않는 과거 기억들이 하나둘씩 떠오르기 시작한다. 하다못해 '초등학교 5학년 때 우리 엄마가 나한

테 그랬는데!' 하는 기억도 떠오른다. 그렇게 평소 너무 바빠서 놓쳤던 나라는 사람의 여러 단면들을 여행길에서는 다시금 주워 담게 된다.

팬데믹 동안 그런 비슷한 경험을 해봤을 것이다. 익숙한 사람들과 익숙한 관계로부터 '거리두기'를 하면서, 우리는 타인의 시선 밖에서 스스로가 무엇을 좋아하고 싫어하는 사람인지 좀 더 분명하게 알 수 있게 되었다. 그러면서 나를 둘러싼 관계가 얼마나 소중한 것이었는지도 깨달았다. 마찬가지로 여행과 쉼은 우리의 익숙한 삶을 좀 떨어져서 바라보게 하는 효과가 있다. 이를 '조망 효과(overview effect)'라고도 부른다. 마치 우주 비행사가 텅 빈 우주 공간에서 지구를 바라보며 강한 인류애를 느끼듯이, 내가 지나온 시간을 하나하나 떠올리며 보듬다 보면 남김없이 소진되었다고 느꼈던 마음에 조금씩 기운이 차오를 것이다. 다시 일상으로 돌아가도 무슨 일이든 할 수 있을 것 같은 용기도 말이다.

CHAPTER 20

긍정적인 오라를 만드는 특별한 습관

"일이 목까지 차올라온 것 같아. 숨 쉴 수가 없어."

"내 매니저는 내가 잘되는 꼴을 못 보는 것 같아."

"한 달 넘게 공들여온 프로젝트가 임원 회의 결정으로 그냥 날아갔어. 허탈해."

"고객 불만은 넘쳐나는데 막상 내가 할 수 있는 게 없어."

"회사 갈 생각만 하면 가슴이 콱 막혀."

직장생활에서 스트레스는 디폴트다. 거기다 가정 혹은 육아에서 받는 스트레스가 겹쳐지면 지옥이 시작된다. 해결할 수 없는 복잡한 일들이 매일매일 전쟁처럼 벌어지는데, 엎친 데 덮친 격으로 지난 2년 여 동안 우리의 삶을 혼돈으로 몰아넣은 코로나19처럼 한 세기에 한 번 있을까 말까 한 일까지 벌어진다. 매 순간 우리 삶을 뒤흔드는 심리적인 위기나 시련 앞에서 개복치마냥 휘둘리다 보면 하루를 망치고, 그 하루가 일주일, 한 달, 그리고 인생 전체에 악영향을 미치게 된다.

나다움을 빠르게 회복하는 습관의 힘

힘들고 어려운 일을 근본적으로 피할 수는 없다. 하지만 이런 것들로 인해 부서지는 멘탈을 부여잡고 심리적인 위기를 빨리 극복하는 것은 가능하다. 힘든 일을 겪더라도 최소한 정상적인 상태로 빨리 돌아올 수 있는 회복력(resilience)이 있다면 말이다. 직장인에게 꼭 필요한 심리적인 코어 근력을 키우는 가장 좋은 방법은 바로 습관을 만드는 것이다. 상황이나 분위기에 휙휙 휘둘리는 대신 꾸준하고 한결같은 자기만의 루틴을 만드는 것이다.

직장에서 탈탈 털리고 자신감이 바닥을 치는 날, 집에 돌아온다고 생각해보자. 에이, 기왕 기분 나쁜 김에 오늘은 술이나 마시자 할 수도 있겠지만 그러면 분명 더 피곤하고 무기력한 내일을 맞이하게 될 것이다. 부정적인 감정의 악순

LIFE
BALANCE

환을 끊을 수가 없다. 그런데 어제도 그제도 했듯이 변함없이 오늘도 운동화를 고쳐 신고 조깅을 하고, 어제 읽던 책을 마저 읽고 잠자리에 든다면? 조금 힘든 하루였지만 알차게 보낸 덕분에 매몰되었던 감정의 골짜기에서 빠져나올 수 있게 된다. 요동치던 감정도 어느덧 안정감을 되찾는다. 지치고 피로한 몸과 부정적인 감정을 떨쳐 보내고 다시금 긍정적인 에너지를 얻을 수 있게 된다. 세상이 무너져도 반드시 지키는 루틴이야말로 우리를 삶의 궤도에서 이탈하지 않고 버티게 만드는 힘, 더 나은 내일로 우리를 이끄는 힘이다.

루틴은 30년 직장생활에서 내가 대책 없는 낙관론자로 살도록 마음의 코어 근육을 키워준 주인공이었다. 늘 변화하기만 하는 사람을 보면 나는 무섭다. 발을 대고 있는 뿌리 없이 떠다니기만 하다가 급한 조류를 만나면 휩쓸려 사라지고 말 것만 같다. 변화도 중요하지만, 꾸준함이 있어야 자기 기반을 가지고 오래도록 지치지 않고 이어나갈 수 있다. 무엇보다 이렇게 나를 든든하게 뒷받침해주는 루틴의 시간이 없었다면, 나는 그 치열하고 변화무쌍한 직업 환경에서 살아남을 수 없었을 것이다. 충실한 일상과 그로부터 얻은 소소한 성취의 즐거움들 덕분에 일을 할 때에도 두려움 없이 도전하고 늘 활기찬 에너지를 유지할 수 있었다.

삶에 활력을 주는 루틴 만들기

내 삶에 활력을 주는 첫 번째 루틴은 당연히 운동이다. 무엇보다 걷기와 달리기는 나에게 있어 업무 시작과 끝을 알리는 일종의 의식과도 같다. 아이러니하게도 운동으로 에너지를 쓰는 일이야말로 에너지를 얻는 가장 좋은 방법이다. 가끔 일상적인 운동이 단조롭다고 느낄 때는 나의 경계를 넘어서는 여행을 감행한다. 주로 약 3, 4킬로미터 높이의 산으로 백패킹을 간다. 매우 힘든 하이킹이지만, 어려운 일을 끝내고 나면 설렘이 두 배 더 오래간다.

두 번째 루틴은 동기부여를 하는 콘텐츠를 끼고 사는 것이다. 아침 조깅과 늦은 오후의 산책에는 팟캐스트나 오디오북을 많이 듣는다. 다양한 채널이 있지만 주로 그날의 주요 소식을 짧게 요약해서 업데이트해주는 NPR 뉴스 사이트, IT 분야의 중요한 인사이트를 전해주는 〈버지캐스트(The Vergecast)〉, 혹은 〈리코드 : 디코드(Recode : Decode)〉, 그리고 스타트업 여성 기업가들의 스토리를 들려주는 〈나인 투 파이브 : 더 스킴(9 to 5 : the Skimm)〉, 지속적인 커리어 도전의 사례들을 펼쳐내는 〈리론치(Relaunch)〉 등을 자주 듣는다. 영어 듣기 공부도 될 뿐만 아니라 지칠 때 사람들의 성공과 실패 그리고 도전에 관한 이야기들이 발걸음에 추진력을 만들어준다.

세 번째 루틴은 휴대전화와 이별하는 것이다. 내 생활을 바로잡는 나만의 의식이 있다. 바로 시간을 정해놓고 스마트폰을 안 보는 디지털 디톡스다. 나는 정말 스마트폰 없이는 살 수가 없다. 출근길에 지갑을 안 가지고 나오면 그냥 출근하지만, 스마트폰을 안 가지고 나오면? 100% 집에 돌아간다. 스마트폰이 안 보이면 그저 불안해서 노상 만지작거리며 습관적으로 SNS와 이메일을 체크하는 것이다. 재택근무를 하는 동안에는 스마트폰 의존도가 더 심해져서, 단 한 순간도 일에서 나를 분리할 수가 없었다. 스마트폰이 마치 세상과의 유일한 연결고리처럼 느껴져서 더 고립감을 느꼈다. 그래서 아예 스마트폰 안 보는 시간을 정해놓았다. 퇴근 후 혹은 주말에는 한두 시간 정도 시간을 정해놓고 스마트폰을 보지 않는다. 식사 중에는 절대로 스마트폰을 식탁에 갖고 가지 않고 밤 10시 이후에는 알림 중지를 해놓는다.

가장 좋은 디톡스 방법은? 바로 스마트폰이나 디지털 환경에 접속하지 못하는 곳에 스스로를 고립시키는 것이다. 주말 등산이나 여행 중에는 그런 장기간의 디지털 디톡스가 가능하다.

좋은 태도, 좋은 '오라'를 지닌 사람

긍정적인 에너지와 여유를 갖게 된 사람의 '오라(aura)'는 특별하다. 한 사람을 에워싸고 있는 기운이나 고유한 분위기를 뜻하는 오라는 어느 한순간 꾸며낼 수 있는 게 아니라 그 사람이 지닌 삶의 태도를 반영한다. 사람을 대하는 열린 태도나 일에 대한 열정, 흐트러지지 않는 자세나 건강한 신체처럼 좋은 습관이 쌓여 만들어진 '분위기'야말로 사람을 끌어들이는 매력이 된다.

이런 좋은 오라, 긍정의 에너지 같은 것들은 나이 들수록 지키기 어려워진다. 체력이 떨어지면서 일은 물론이거니와 노는 것도 힘들어진다. 직장생활을 하면서 데드라인이 있는 업무를 하다 보면 때로 무리할 수밖에 없다. 게다가 육아를 하는 경우에는 집에서 쉬는 게 쉬는 게 아니다.

이렇게 육체적·심리적으로 바닥에 머무는 시간이 장기적으로 반복되면 정상으로 되돌아가는 회복탄력성이 점점 약해지게 된다. 위기 앞에서 '멘붕'하지 않도록 버텨주는 마음의 근력이 무너지는 것이다. 반대로 에너지가 넘치고 미소와 웃음을 지키는 사람 주변에는 즐거움과 에너지가 가득 찬다. 웃는 얼굴을 보면 뭐라도 하나 도와주고 싶고, 함께 일하고 싶어지는 게 사람 마음이라 그렇다. 그만큼 회복력이 좋아지니 에너지 수준 역시 굴곡 없이 유지할 수 있게 된다.

처음에 미국 본사로 출근했을 때 좀 당황한 부분이 있다면 바로 사무실의 분위기였다. '구글' 하면 자유롭고 활기찬 분위기의 캠퍼스를 상상하게 된다. 그런데 왜인지, 아침에 출근하면 모든 사람이 도서관에 들어온 것마냥 옆 사람에게만 "하이", "굿모닝" 하고 조용하게 속삭이며 바로 노트북을 켜고 일하기 바쁘다. 아마도 너무 바쁘니까 다른 동료들을 배려하는 것이겠지만, 활기찬 서울 오피스와 비교될 정도로 사무실 분위기가 가라앉아 있었다.

서울 오피스에서 각종 이벤트를 벌이면서 다른 직원들과 '놀기'를 좋아했던 나는 본사의 분위기를 그냥 보고 있기가 힘들었다. 나중에 다른 직원에게 듣기로는, 아침에 인사를 하고 싶어도 너무 조용한 분위기라 그냥 가만히 있었다고 한다. 나는 삭막한 사무실 분위기에 개의치 않고 출근 첫날부터 여기저기 돌아다니며 인사를 하기 시작했다. 상당히 발랄한 목소리로 "안녕하세요", "즐거운 저녁 시간 보내요", "주말 잘 지냈어요?"라고 인사했다(대학 때의 나를 생각하면 정말 상상도 못 할 모습이다). 다들 처음에는 당황스러워하는 눈치였지만 하루 이틀 지나니 '그러려니' 하며 익숙해진 듯했다. 내 인사에 한층 밝은 표정으로 응하는 사람들도 많아졌다.

베란다 화분에 있는 꽃나무들은 늘 해를 향해 자라난다. 화분의 방향을 돌려놓으면 이내 다시 해를 향해 굽어 자라난다. 생물체들이 본능적으로 빛을 좋아하고 어둠을 멀리하는 경향을 '헬리오트로픽 효과(heliotropic effect)'라고 한다. 즉, 그들은 자신들을 건강하게 만드는 쪽으로 이동하고 그들의 웰빙을 앗아가는 것들로부터 멀어진다는 의미다. 개인과 조직, 나아가 우리 사회나 문화 전반에서도 이 헬리오트로픽 효과가 작용한다. 본인들에게 가장 긍정적으로 작용하는 에너지를 향해 나아가려는 경향성이 생기는 것이다.

사람들에게 자기가 지닌 긍정적인 에너지를 발산할 때 그들은 나를 향하게 되어 있다. 한결같은 햇빛처럼, 우리가 삶에서 지치지 않고 꾸준하게 긍정적인 에너지의 원천이 되고 사람들의 구심점이 되어보면 어떨까? 나는 얼마나 성실하게 긍정의 에너지를 지켜나가고 있는지 하루를 돌아보자.

CHAPTER 21

숨겨진 1%의 조각을 찾는 여정

"너도 내가 떠나는 게 슬픈가 보구나."

고양이는 짐을 싸는 내내 내 트렁크 위에서 떠나지 않았다. 하와이 마우이섬에서 한 달을 보내고 이제 집으로 돌아가기 위해 짐을 싸는 중이었다. 아, 이제 헤어져야 하는 건가. 내 짐 여기저기에 뒷머리를 부비며 치대는 고양이를 보니 가슴이 먹먹해졌다. 그동안 수없이 여행을 다니면서 다양한 민박집과 에어비앤비 숙소를 오갔지만 고양이가 있는 집은 피해왔다. 우습지만 어릴 때 애드거 앨런 포의 소설 『검은 고양이』를 읽은 뒤 고양이만 보면 묘하게 공포스러웠다. 그런데 하와이의 이국적인 풍경 때문이었을까, 팬데

믹이라는 전 지구적 위기 상황에서도 나름 여행지에서 근무하는 호사를 누린다는 기쁨 때문이었을까, 고양이 두 마리가 있는 집을 덜컥 예약해버린 것이다. "오늘부터 고양이 한번 좋아해보지 뭘" 하면서 매일 먹이 주는 일도 맡기로 했다.

내 안의 새로운 나를 발견하는 기쁨

여행 중 새로운 장소, 새로운 사람들 속에서 기대치 않았던 나의 새로운 모습을 발견할 때면 깜짝깜짝 놀라곤 한다. 50년 동안 싫어하던 고양이도 맘 먹고 좋아하려고 하니 어느덧 깊이 정이 들어버린 것이다. 심지어 식성도 바뀌었다. 평소에 날생선을 즐기지 않던 나는 하와이에서 처음 포케(poke, 참치를 각종 양념에 무친 것)를 먹어보고는 내가 날생선을 정말 잘 먹는다는 걸 50년 만에 처음 알게 되었다. 나이가 들면서 입맛이 변한다고는 하지만, 이렇게 먹어볼 기회나 환경이 따로 주어지지 않았다면 나의 새로운 입맛을 발견하지 못했을 것이다.

내 안에 있는 또 어떤 나를 발견할 수 있을까, 나의 새로운 면은 무엇일까. 우리의 생각과 자아는 한순간 자기 자신에 대한 고정관념을 훌쩍 뛰어넘는다. 낯선 곳으로의 여행은 새로운 자기를 만들어보는 기회이자 기존의 자기 모습을 바꿔볼 수 있는 좋은 기회가 된다.

내가 직장에서 숨 쉬듯이 늘상 하는 일은 대외 커뮤니케이션. 그렇기 때문에 기자들도 구글의 정김경숙, 로이스 김 하면 대충 누군지 알고 있다. 나는 좋든 싫든 구글을 대표하는 공인과 같은 역할을 하고 있기에, 내게는 언제나 구글이라는 꼬리표가 붙는다. 이 꼬리표는 대부분 이점이 되지만, 잘나가는 회사 임원이라는 편견이나 고정관념으로 작용하기도 한다.

하루 대부분의 시간을 회사에서 보내는 만큼, 우리는 직장인이라는 정체성에 갇혀버리기 쉽다. 늘 같은 관계에 묶여 있고, 늘 같은 정체성에 고여 있으면 사람은 쉽게 지친다. 새로운 사람을 만나고, 새로운 공간에 나를 놓으면서 새로운 공기를 불어넣어줘야 한다.

그럴 때 가장 필요한 건 혼자 떠나는 여행이다. 여행길에는 평생 단 한 번도 마주치지 않을 것 같은 완전히 정반대편의 사람을 만나 그의 이야기에 발을 들여야 한다. 그리고 그들의 인생을 마주하는 과정에서 우리는 겸손해진다. 누군가의 장엄한 인생사에 스스로가 보잘것없게 느껴지기도 하고, 내가 짓지 못할 누군가의 밝은 미소에서 깊은 영감을 받기도 한다.

낯선 타인의 삶에 손을 내밀다

여행은 어쩌면 다양한 나를 만나는 유일한 시간이다. 한국에 있을 때 이곳저곳을 걸으면서 여행을 참 많이도 했다. 낯선 시골 동네를 하염없이 걷다 보면 밭을 매는 아주머니들(사실 대부분이 할머니들)을 심심찮게 마주친다. 분명 농번기라 손이 많이 필요할 때다. 그럼 그냥 지나가다가 옆으로 스윽 다가가 인사를 건넨다. 당연히 듣는 척도 안 하신다. 그럼 나도 그냥 말없이 일을 거든다. 잡초를 뽑거나 옆에 놀고 있는 호미를 들어 밭을 맨다. 어떤 때는 겨울 배추를 묶어주기도 한다. 마늘철에는 마늘을 묶고, 감자철에는 상처가 안 나도록 감자를 주워 담는다. 울릉도에선 명이나물 종자를 심기도 하고 제주도에선 당근을 캐서 묶기도 한다.

할머니들은 왜 저러지 하는 약간 경계하는 눈초리로 나를 쳐다보신다. 그러다 내가 아무 말 없이 한 시간 정도 묵묵히, 열심히 일하면 할머니들은 퉁명스레 말을 건네신다. "어디서 왔어?" 그렇게 대화의 물꼬를 트면, 그때부터는 친구가 된다. 새참도 주시고, 집에 가서 밥을 먹고 가라고 하시고, 갈 곳 없으면 집에서 자고 가라고도 하신다. 그러면 나는 "배고파요, 할머니. 저 그리고 마침 잘 곳이 필요했는데 정말 감사합니다"라고 바로 어리광을 부린다. 속된 말로, '앵기는' 거다.

아이와 함께 여행 갈 때도 마찬가지다. 아이도 똑같이 앉혀서 배추를 뽑게 하고, 할머니들과 대화하게 만든다. 주로 숙박은 주인이 함께 사는 민박집에서 하고, 아이에게 청소를 시키기도 한다. 울릉도에 갔을 때는 3박 4일 내내 비탈길에 앉아 아이와 함께 명이나물을 심었다. 집주인 아주머니가 싸주신 명이나물을 한아름 들고 집에 돌아와, 잘 도착했노라고 아주머니에게 전화를 드렸다. 내게 또 하나의 고향이 생긴 푸근한 기분이 들었다.

단 1%의 조각이라도 세상에 내어주기 위해

나는 1년에 한 번은 나를 위한 여행을 하고, 2년에 한 번은 봉사활동을 하는 여행을 한다. 내가 가진 시간과 비용의 단 1%라도 남들을 위해 쓰고 싶은 마음에서다. 예를 들면 몇 해 전 탄자니아 여행을 할 때는 의류를 만들어서 기금을 조성하는 NGO와 함께했다. 간단한 재봉틀 사용법을 익혀 제품을 만들고, 원단을 사러 다니기도 하고 아이들을 돌보는 등, 할 수 있는 일은 다 한다. 캄보디아에 4박 5일 머물렀을 때는 부모님들이 일하는 동안 혼자 남겨진 아이들을 돌보면서 컴퓨터 사용법을 가르쳐주기도 했다.

봉사활동을 해보고 싶은데 어떻게 시작할지 모르겠다면 해외 자원봉사 단체를 알아보면 좋다. 돈을 주고 여행 가서 봉사활동을 하는 프로그램이 생각보다 꽤 많다. 비행기와 숙소를 저렴하게 제공하고 현지 노동에 기여하도록 연결해주는 단체를 쉽게 찾아볼 수 있다.

이렇게 여행 중에 밭일을 하거나 해외 봉사활동 여행을 떠나는 것을 두고 그들을 위한 선행이라고 말하기는 쑥스럽다. 그저 그 일을 하는 내 마음이 더 차올라서, 내 휴가를 의미 있게 썼다는 자체만으로도 뿌듯해진다. 너무 힘든 날 치킨을 사들고 집에 오는 가장의 심정처럼, 때로는 타인을 생각하는 작은 마음이 나를 더 크게 위로할 때가 있다. 이런 일들은 그냥 내가 할 수 있는 최선의 일을 하면서 마음을 채우기 위한 것이다. 봉사활동이나 선행을 하면 평소보다 세 배가 넘는 엔도르핀이 나와 우리 몸의 면역 기능을 향상시킨다고 하니, 마음의 체력뿐 아니라 몸의 체력도 키우는 일이다.

살면서 받은 게 너무 많다고 생각될 때가 있다. 점점 더 심각해지는 우리 사회의 부와 기회의 불평등 속에서 나는 어쩌면 받은 것이 많은 기득권 그룹에 속할 것이다. 이런 부채감으로 작게나마 이 사회에 기여할 방법을 찾아보는 것이다. 내가 갖고 있는 힘, 에너지, 열정, 시간은 오롯이 내 것이 아니니까. 내 삶을 가꾸기 위해 애쓰듯이 내 시간의 일부를 아주 작은 선행에 내어줘본다.

CHAPTER 22

회사가 당신의 가치를 위해 움직이도록

우리는 자신의 업을 통해 세상에 조금씩 기여하기를 바란다. 식당에서 요리한 음식이 배고픈 고객의 배를 채워줄 때, 정성스럽게 만든 책이 필요한 사람에게 읽힐 때, 몇 날 며칠 개발한 앱이 누군가의 불편을 해소해줄 때, 받고 나면 금세 휘발되고 마는 성과급의 기쁨을 넘어서는 뿌듯함이 있다. 입에 발린 소리일지 모르지만 그런 마음 없이 하루 일과의 절반이 넘는 시간을 보낸다면 순간순간 얼마나 괴롭겠는가.

안타깝게도 우리는 대부분의 직장생활에서 그런 보람을 잊고 산다. 새삼스럽게 의미를 떠올리지 않는 이상 내 직업을 통해 누군가를 돕고 있다는 사실이 실감 나기 어렵다. 이렇게 죽어라고 일하면 뭐 하나, 내가 없어도 다른 누군가로 금방 대체될 텐데. 그런 생각이 들 때 우리는 힘이 풀리고 간신히 쥐고 있던 고삐를 턱 놓아버리게 된다. 사장이 되지 않는 이상, 시스템 안에서 직장생활을 하는 사람이라면 그런 마음이 들 때 쉬이 지치고 말 것이다. 그러고는 퇴사 후에 '내 일'을 하며 진짜 인생을 살 거라고 다짐하게 되는 것이다.

하지만 진짜 인생을 꼭 그렇게 미뤄야만 할까? 그 진짜 인생을, 회사에서 먼저 살아볼 수는 없을까? 직장인으로서의 목표와 한 인간으로서의 목표를 동시에 이뤄볼 수는 없을까? 나는 회사가 갖고 있는 가치와 내가 갖고 있는 가치를 동시에 만족시킬 수 있는 방법을 늘 찾아왔다. 은퇴 후에 자연인으로 돌아갔을 때보다 구글에 속해 있으면서 더 큰 임팩트를 낼 수 있는 일, 그러면서 직장생활의 열정을 되살릴 수 있는 일을 찾아보기로 한 것이다. 내가 생각한 더 나은 세상을 만드는 일에 회사의 지원을 받을 수 있다면 더할 나위 없겠다고 느꼈다. 그렇게 시작한 일이 이름하여 '열정 프로젝트'였다.

구글코리아에서 나의 별명은 드래곤스 덴 퀸(Queen of Dragon's Den)이었다. 무슨 뜻이냐면, 구글 아태지역에서 주최하는 특별 펀딩 오디션 프로그램인 드래곤스 덴의 1인자라는 의미다. 드래곤스 덴은 사회에 기여할 수 있는 아이디어를 제출하면 이를 채택하여 특별기금을 주는 사내 프로그램으로, 오디션처럼 진행된다. 아이디어만 내는 것으로 그치는 게 아니라, 아이디어를 누구와 어떻게 실행할 것인지, 예산은 어떻게 쓸 것인지를 철저히 계획해서 3분 안에 여러 심사위원 앞에서 발표해야 한다. 시간이 초과되었음을 알리는 '땡 소리'가 울리면 발표를 끝마쳐야 한다. 아주 엄격한 심사다.

3분 안에 발표를 하고 나면 2분 동안 심사위원과 질의응답 시간을 갖는다. 이때 매우 까다로운 질문이 쏟아진다. 아이디어는 어떻게 리서치했는지, 파트너십을 어떻게 유지할 것인지, 실행에서 어려움은 무엇이라 생각하는지 등 짧은 시간 안에 1초도 낭비하지 않고 심사위원들을 설득해야 한다. 당연히 이를 위한 발표 연습은 매우 중요하다. 회사 기금으로 내가 하고 싶었던 과욋일을 주도해서 할 수 있다니 없던 에너지도 솟아난다.

죽은 열정의 불씨를 살리기 위한 '열정 프로젝트'는 주 업무 외 사회에 기여하는 일종의 사이드프로젝트를 수행하면서 삶의 전반으로 열정을 전염시키는 나만의 방법이다. 무언가에 깊이 몰두하며 에너지를 쓰다 보면 소진되는 것이 아니라, 놀랍게도 그 에너지가 일상은 물론 직장 생활을 끌어가는 동력으로 작용한다. 신기하게도 이렇게 며칠 동안 리서치를 하고 파트너들을 만나 프로그램을 구체화해서 밤새 발표 연습을 해도 피곤하지가 않다. 물론 본연의 업무로 돌아갔을 때도 더욱 큰 활력을 느끼게 된다.

이렇게 최선을 다해 준비해도 오디션에서 떨어질 수도 있다. 하지만 떨어질 때 떨어지더라도, 쪽팔릴 때 쪽팔리더라도 일단 해봐야 한다. 내가 우리 사회에 조금이라도 도움이 된다 싶은 일이면 무엇이든 가져갔다. 청소년 멘토링, 성소수자 지원 프로그램, 청소년 창의성 프로그램, 섬 지역에 도서 보내기 등 굳이 NGO에 있지 않아도 할 수 있는 일들이었다. 내 시간과 노력을 조금만 들이면 좋은 일을 할 수 있다는데 안 할 이유가 없다. 떨어지면 발표 연습한 셈치자 하며 매회 참가하다 보니, 결과는 아태지역 최대 수혜자! 드래곤스 덴에 가장 많은 프로젝트가 승인되었던 것이다.

나답게 산다는 그 어려운 일

'성소수자 지원 프로젝트'는 내가 구글에서 한 가장 보람 있었던 일 중 하나다. 흔히 '나답게 산다'는 말을 쉽게 하지만, 그건 정말 어려운 말이다. 내가 원하는 모습대로 사는 게 쉽지 않은 사람들이 세상에는 많기 때문이다. 내가 극도의 소심한 성격을 버리고 에너지 넘치는 외향적인 사람으로 살기 위해 25년을 분투했다면, 자신의 성정체성에 따라 원하는 삶을 살기 위해서는 얼마나 큰 고통과 위험을 감수해야 할까?

언젠가 성소수자 커플들의 인터뷰를 접했을 때, 그들의 이야기가 가슴에 와 닿은 것은 바로 이 질문 때문이었는지도 모르겠다. "저희는 파트너예요. 제가 정말 사랑하는 사람을 다른 사람에게 떳떳하게 소개하고 싶어요." "성소수자로서 겪는 사회적 시선도 힘들지만 의료보험과 같은 사회경제적 혜택을 파트너와 나눌 수 없다는 것이 안타까워요." "성소수자를 전혀 이해 못 하는 선생님의 시선 때문에 성소수자인 아이가 학교 가는 것을 너무 힘들어해요." 이런 이야기를 듣고 있자니, 이들에게도 '나답게' 살 수 있는 권리가 주어져야 한다는 생각이 들었다.

그러다가 2013년 홍대 퀴어문화 축제에 개인적으로 참가

하게 되었다. 10년 전만 해도 한국은 '성소수자 지지'라는 말을 공공연한 장소에서 꺼내기 어려운 분위기였다. 아니나 다를까, 축제 현장에는 이 축제의 취지에 반대하는 인파와 경찰이 위태롭게 대치했고, 급기야 안전 문제로 인해 중단되고 말았다. '내가 나답게 살겠다는데 왜 응원하지는 못할망정 방해를 할까? 1년에 딱 한 번 있는 성소수자 축제의 날도 이렇게 힘들게 보내야 하나?'

그날의 충격이 나를 드래곤스 덴 오디션으로 이끌었다. 펀딩 금액으로는 국내 최초로 설립되는 청소년 성소수자 위기지원센터를 지원할 작정이었다. 의지는 강했지만, 속으로는 엄청나게 망설여졌다. 대체 이게 우리 회사랑 무슨 상관인가? 회사 돈을 쓰는 게 맞나? 이 아이디어로 오디션에 성공해서 지원하는 것과 내 업무 성과랑 무슨 관계인가?

그리고 가장 큰 걱정은 바로 이것이었다. '혹시라도 성소수자에 반대하는 사람들이 회사에 피해를 끼치면 어떡하나? 난 구글코리아의 브랜드를 책임지고 있는 사람인데, 회사에 누가 해코지를 하면 어쩌지?'

용기를 내어 특별기금 오디션에 참가했고, 심사위원들의 만장일치로 청소년 성소수자 위기지원 센터 '띵동'의 설립 기금을 받게 되었다. 하지만 막상 기금을 받고 나니 걱정되는 마음이 커졌다. 그래서 아태지역 커뮤니케이션 총괄 VP

에게 이렇게 되물었다.

"이 프로젝트 때문에 구글코리아를 싫어하는 사람도 생길 거예요. 정말 괜찮아요?"

그는 답했다. "로이스, 나는 이 일은 정말 중요하다고 생각해요. 이건 옳은 일(right things to do)이에요. 걱정하지 마세요. 나는 로이스가 너무너무 자랑스러워요. 로이스 말고 누가 이런 일을 하겠어요. 구글이 공개적으로 지지한다면, 사람들의 인식을 바꾸는 데도 일조할 수 있을 거예요."

이 말은 두고두고 나에게 힘이 되었다. 띵동 설립은 예정대로 진행되었고 2년 후에도 같은 오디션을 통해 추가 지원금을 받아 후원을 이어갔다. 이후 인권재단 '사람'과 함께 한 무지개온 성소수자 지원 프로젝트, 매년 참가하는 퀴어문화 축제 등, 구글은 성소수자 인권을 공개 지지하면서 다양한 활동을 이어나갔다.

직장인의 이름으로 할 수 있는 모든 것

내가 좋아하는 소설가로 『먹고, 기도하고, 사랑하라』를 쓴 엘리자베스 길버트는 직업에 대해 이렇게 말했다. 잡(job)이 커리어(career)가 되기 위해서는 내가 열정을 바칠 수 있는 것이어야 하고 내가 정말 좋아하는 것이어야 한다고. 더 나아가 '일'이 '커리어'가 되는 지점에는 '사람을 바라보는 눈', 즉 가치관이 중요하게 작용한다고. 내 열정에 불을 지폈던 것은 구글이 갖고 있는 철학, 다양성을 존중하는 문화였다. 한 연구에 따르면 회사가 개인의 가치관에 동의하는 모습을 보일 때 업무 효율도 훨씬 높다고 한다. 내가 일하는 회사가 '좋은 일'을 한다는 생각이 들 때 마음이 충만해지고 열정을 되살릴 수 있다는 것이다.

회사 안에서 많은 사람이 내가 시작한 일에 동의와 지지를 보내주었다는 사실, 내가 개인으로서보다 조직의 일원으로 사회에 선한 영향력을 떨칠 수 있다는 사실에 가슴이 벅차올랐다. 2014년부터 구글코리아는 성소수자 퀴어 축제에 참여하겠다는 선언을 하고 매해 참여하게 되었다. 2013년 구글에서 서울 퀴어 축제에 참여했던 사람은 나 혼자였는데, 그다음 해에는 세 명의 구글러가, 2015년엔 10명, 2016년엔 30명, 그리고 그 뒤로 셀 수 없이 많은 구글러가 이 행사에 참여했다. 2018년과 2019년에는 강남 직장인들에게 퀴어 축제를 알리고자 역삼역부터 강남역까지 강남 직장인 퀴어 퍼레이드를 구글이 주최하기도 했다.

해가 갈수록 현장에서 만난 분위기는 세상이, 그리고 사람들의 시선이 조금씩 바뀌고 있음을 여실히 보여주었다.

나 하나로는 역부족이지만, 나 하나만이라도 오늘 행동을 시작하면 반드시 내일은 조금은 변해 있다. 이를 몸소 느껴 보는 경험이 얼마나 삶을 따스한 긍정과 열정으로 가득 차게 만드는지, 겪어보지 않고서는 미처 알 수 없다.

선의의 행동과 그로 인해 얻는 인정은 어쩌면 삶의 권태와 피로를 잊게 만드는 가장 궁극적인 기쁨일지도 모른다. 그 기쁨을 회사 안에서 얻어갈 수 있다면, 그보다 더 행운인 인생이 어디 있겠는가. 회삿돈으로 회사가 좋은 일을 하게 만들면서 동시에 내가 좋아하는 일도 하는 것. 내가 회사의 가치를 채우는 도구가 되지 않고 나의 가치에 회사가 동의하게 만드는 것. 회사와 내가 함께 간다고 여겨질 때 비로소 직장인들은 '지치지 않고' 오래 움직일 수 있는 동력을 얻는다. 물론 이는 개인과 조직 양쪽의 노력 없이는 불가능할 것이다. 모든 직장인이 가슴에 품은 그 선한 가치관을 언제든 두려움 없이 말하고 지지를 받으면서 거리낌 없이 행동할 수 있는 날이 오기를 바란다.

여자로, 엄마로, 그리고 리더로 산다는 건

도무지 혼자서는 다할 수 없는 일.

서로 끌어주고 밀어주고 손잡아주는 '사람들'이 있기에

우리는 계속, 끝까지, 꾸준히 나아갈 수 있다.

연대야말로 내 세계를 키우는

가장 본질적인 힘이었음을, 이제는 안다.

PART 4

여자, 엄마, 리더
—함께 가는 길을 잇다

CHAPTER 23

아무도 계획하지 않았다

구글코리아에 입사한 해에 마운틴뷰에서 300여 명의 여성 구글 매니저들을 대상으로 한 연례 여성 리더십 콘퍼런스가 열렸다. 마케팅, 커뮤니케이션, 엔지니어 등 각 분야에 있는 여성 매니저들이 한자리에 모였고, 나 역시 이 자리에 참석했다. 둘째 날 아침 일찍 여성 리더와의 대화라는 좌담회 자리에 네 명의 구글 여성 임원들이 무대에 초청되었다. 네 명 모두 구글 초창기부터 일해온 VP 혹은 디렉터로, 구글에 갓 합류한 나는 여성 리더들의 인사이트를 들을 수 있다는 사실에 잔뜩 기대에 차 있었다. 사회자의 질문에 따라 편안하게 자신의 경험을 나누는 시간이었고, 좌담회 중간에 사회자는 이런 질문을 던졌다.

“당신은 10년 뒤에 뭘 할 건가요? 커리어 플랜을 말씀해 주세요.”

흥미로운 질문이었다. 당시만 해도 나는 내 나름의 커리어 플랜이 분명했다. 누군가 질문을 던졌을 때 나름의 청사진이 없으면 계획이 없다는 구박을 받던 때였다. 눈을 반짝이며 기다리는데, 놀라운 답변이 나왔다.

제 계획은 무계획인데요?

“그런 거 없는데요. 새라, 너는 있어?” 한 임원이 옆에 앉아 있는 임원에게 묻는다.

“없는데? 하하하.” “나도.” “나도.”

“어라, 네 분 모두 커리어 계획이 없는 거예요?”

“아니, 내일 일도 모르는데 10년 뒤를 어떻게 계획하겠어요?”

임원 네 명이 너무도 천진난만하게 웃으면서 자신들의 커리어 계획은 무계획이라고 답하는 것 아닌가? 그리고 너무나 당연하다는 듯이 와하하 웃음을 터뜨리는 바람에 좀 당황스러웠다.

그리고 이어지는 질문, "지금 입사했을 때와 같은 부서에서 일하고 있나요?" 이 질문에도 모두 "노"를 외쳤다. 모두가 입사 당시 했던 일과는 전혀 다른 일을 하고 있다고 답했다. 이어 "지금까지 몇 개 팀을 거쳐 왔느냐"는 질문에는 평균 네다섯 개의 팀을 거쳐왔고, 총 예닐곱 명의 매니저를 경험했다는 것. 심지어 그중 한 임원은 "입사 당시에는 저 부서는 꼭 피해야지 다짐했었는데 지금 그 기피 부서에서 재미있게 일하고 있다"고도 답했다. 또 다른 임원이 이렇게 대화를 이어갔다.

"구글이라는 회사는 너무 빨리 성장했기 때문에, '여기서 이 일을 해야지' 작심하고 보면 1, 2년 뒤에 팀이 너무 커져버려서 다른 부서랑 합쳐지기도 하고 발전적으로 해체되기도 하는 일이 부지기수였어요. 그런 상황에서 '나는 이런 커리어를 가지고 이렇게 해야지' 하는 내 커리어 계획에 함몰되어 있으면 시야가 넓어질 수가 없습니다. 계획에 갇혀버리면 기회를 찾을 수가 없어요. 빠르게 성장하는 기업과 급변하는 IT산업 환경에서는 계획을 세운 이후 새로운 기회들이 너무 많이 생깁니다. 그러니 길고 넓게 보시기 바랍니다. 계획이 없는 건 창피한 일이 아닙니다."

모든 것을 내가 세운 계획대로 착착 진행해야 한다고 믿었던 당시 나에게는 큰 충격이었다. 그렇다면 그들이 그냥 되는 대로 살아왔다는 의미일까? 아니다. 내가 하고 싶은 일도 '항상' 변할 수 있고 내가 생각지도 못했던 기회들이 생길 수 있다는 의미다. 여태까지 내가 몰랐던 분야나 프로젝트가 언제 어디에서 생길지 모르니 늘 계획에 열려 있어야 한다는 것이다.

물론 당시만 해도 계획이 없다는 말에 뒤통수를 얻어맞은 듯 충격을 받았지만, 15년 넘게 구글에서 일하고 보니 그 여성 임원들이 했던 말을 완전히 이해할 수 있게 되었다. 구글이 빠른 속도로 성장하면서 한 회사에서 경험하지 못할 만큼의 다양한 기회들이 주어졌다. 지금 내가 있는 부서처럼 없던 부서가 생기고, 없던 기회들이 무수히 생겨났다. 3년 뒤엔 뭐 하고 7년 뒤엔 뭐 하고 10년 뒤엔 뭐 해야지……. 세밀한 계획과 철저한 준비도 좋지만, 커리어 플랜에 대해 열린 사고를 가지고 나의 가능성을 믿고 열어두는 것이 중요하다는 걸 해가 지날수록 실감하게 됐다.

과거에 없던 업무와 기업에 관심을 기울이고 유연하게 계획을 세우면서 늘 눈과 귀를 열어두자. 특히 직책이 디렉터로 올라갈수록 어느 부서에도 잘 통하는 보편적인 지식이나 경험을 쌓은 사람들, 특히 유관 부서를 옮겨다니면서 통합적으로 사고하고 열린 업무 태도를 터득한 인재들, 협업의 업무 방식으로 성과를 보여온 제너럴리스트들에게 기회는 더 크게 열린다. 내 경험상 주니어에서 시니어로 넘어갈 수록 스페셜리스트에 기반을 두고 성장한 제너럴리스트의 파워는 막강해졌다. 그러니 커리어에 있어 계획대로 돌아가지 않더라도 너무 조급해할 필요가 없다. 인생은 길고, 준비하는 자에게는 반드시 기회가 온다.

스페셜리스트 vs 제너럴리스트

'마케팅을 5년 했는데, 이 부서에 계속 있는 게 나을까?'

'세일즈를 10년 했는데 이제 와서 다른 부서에서 새로 업무를 배우는 게 가능한가?'

'지금 타분야로 이직하면 지난 경력은 다 헛된 게 되어버리지 않을까?'

후배들의 멘토링을 할 때 가장 많이 받는 질문들이다. 회사 내에서뿐 아니라, 새로운 직업이나 커리어를 고민하면서, 지금까지 해오던 것을 계속하는 게 좋을지, 지금이라도 옮기는 게 좋을지 망설이게 되는 게 당연하다. 나 역시 끊임없이 고민해왔던 문제다. 내가 커리어를 쌓은 산업은 정보통신산업에서 의료제약산업으로, 그리고 IT산업으로 옮겨갔고, 커리어 영역은 커뮤니케이션에서 마케팅으로, 다시 커뮤니케이션으로 옮겨갔다. 그 과정에서 고민은 한 가지였다. 한 가지 분야에서 스페셜리스트가 될 것인가, 아니면 두루두루 전 분야를 아는 제너럴리스트가 될 것인가. 그 고민을 해결하기 위해 30년 직장생활을 했다고 해도 과언이 아니다.

내 고민의 결과를 답하자면 이렇다. 첫째, 최소 3년에서 10년 정도까지는 내 전문 영역에서 전문 지식을 쌓아야 한다. 즉, 스페셜리스트가 되어라. 내가 하고 있는 일에서 남들보다 더 잘하고, 남들이 안 보는 곳을 보고, 남들이 안 해본 접근법을 시도하면서 실무적인 지식과 실전 경험을 깊이 있게 쌓아가는 것이다. 업무 중에 내가 하는 한 마디 한 마디에 신뢰감이 쌓일 수 있게끔, '아, 로이스 말이면 믿을 만하지!' 하는 신뢰를 얻을 수 있게끔 말이다.

자신이 무엇을 좋아하고 잘하는지 스스로 시험할 수 있는 기간이 최소 3년이다. 어떤 일을 하든 첫해에는 그것이 내가 잘해서 잘된 건지, 아니면 운이 좋아서 잘한 건지, 혹은 반대로 잘 안 됐을 때는 운이 나빠서 안 된 건지 내가 못해서 안 된 건지 원인을 파악하기가 어렵다. 2년 차에는 배운 것을 적용하는 해다. 1년 차에 성과가 좋았다면 2년 차는 더 잘할 수 있는 방법을 개발해보고, 1년 차에 성과가 좋지 않았다면 실패를 반복하지 않도록 그간 배운 것을 써먹어보는 과정이 필요하다. 그리고 1, 2년 차일 때 무엇이 어떻게 돌아가는지 알았으니 3년 차에는 스케일을 키우는 해다. 성과는 물론 네트워크와 자기 시야의 스케일을 키우는 것이다. 이렇게 보는 눈이 팍팍 생기는 때가 바로 3년 차로, 자신의 성과에 대해 자신감을 갖고 전문성을 객관적으로 (나도 인정하고 남도 인정하도록) 확보하게 된다.

둘째, 전문 지식과 경험을 쌓으면서 동시에 유관 부서와의 협업으로 실전 경험을 확장해보자. 유관 부서와 프로젝트성으로 함께 일을 해보는 방법부터 아예 인근 부서로 팀을 옮기는 방법도 시도해볼 수 있다. 과장 정도 직급이라면 자기가 하는 일 말고 남이 하는 일도 주시할 필요가 있다. 내 경우 중간관리자일 때 20년 지기 친구가 된 동료 4인방을 알게 되어서 다른 팀이 하는 일에 대해 시야를 넓게 가질 수 있었다. 이렇게 리더가 되는 연습을 하는 것이다.

마케팅과 커뮤니케이션을 오갔던 경험은 내게 특별한 자산이 되었다. 일을 보는 시야가 넓어져서 커뮤니케이션과 마케팅을 동시에 고려하고 효과적으로 협업할 수 있는 기회를 누구보다도 더 많이 만들어낼 수 있었기 때문이다. 하나의 업종과 관련된 전문 지식과 경험이 있다면 이를 바탕으로 보편적으로 통하는 지식과 경험도 함께 쌓이게 된다. 산업을 이해하고 기회를 읽어내고 전사적인 주요 의사결정에 인사이트를 낼 수 있는 능력은 이런 유관 부서와의 역학 관계를 알 때 배가 된다.

셋째, 경력이 쌓일수록 제너럴리스트를 지향하자. 디테일한 실무 능력을 갖췄다면 이제 더 크게 보고 리더십을 키울 차례다. 스페셜리스트와 제너럴리스트의 차이는 업무 전문 분야가 다양하다는 것 이상을 의미한다. 제너럴리스트야말로 타부서와 협업을 하는 방법을 알고, 윈윈을 이끌어내는, 그래서 결국 전사적으로 더 큰 성과를 내는 생각의 틀이자 실행의 힘을 가진 사람이다. 이런 통합적인 마인드와 업무 태도를 가진 직원은 자기 직무 외에서도 거시적인 시각으로 관심을 가지고 인사이트를 쌓을 수 있다. 그런 사람에게는 10년 뒤, 20년 뒤, 더 많은 것을 할 수 있는 큰 기회가 온다.

빛나는 미래를 '리버스 엔지니어링'하다

구체적인 계획 없이는 마음이 불안해 견딜 수 없다면, 마지막으로 다음의 방법을 시도해볼 수도 있다. 내 인생을 '리버스 엔지니어링(reverse engineering)'해보는 것이다. 리버스 엔지니어링이란 본래 이미 만들어진 시스템을 역으로 추적하여 처음의 문서나 설계기법 등의 자료를 얻어내는 공학의 기법을 의미한다. 이를 우리의 커리어 패스와 인생에도 대입해볼 수가 있다. 해당 분야에서 최고의 예를 찾고, 이를 역으로 따져보면서 어떻게 그 성과를 이뤘는지 알아내는 것이다. 마치 최고의 요리를 먹으면서 그 요리가 무엇으로 만들어진 것인지 재료를 추적해나가듯, 10년 뒤 내가 되고 싶은 모습을 그려보고, 그 모습이 되기까지 필요한 과정을 매우 디테일하게 추적해보는 것이다. 그리고 어떻게 준비할 수 있을지에 대해 생각해본다.

"나는 5년 뒤 (혹은 10년 뒤) 어떤 모습으로 살고 싶은가"라는 질문에 답을 한다. 예를 들면, '10년 뒤에 나는 글로벌 NGO 단체장으로 인권 문제를 다루면서 한국의 장애인과 성소수자의 인권 향상을 위한 입법활동이나 교육활동에 전념한다'라는 모습을 그린다. 그다음 아래 질문에 답을 한다.

"당신은 어떻게 NGO 대표가 되었나요? 이를 위해 무슨 노력을 하셨나요?"

이 질문에는 매우 구체적인 답이 필요하다. 먼저 내가 되고 싶은 모습에 근접한 분야 최고의 전문가, 혹은 내 인생의 가치관에 가장 근접한 롤모델이 지금 누구인지를 찾아봐야 할 것이다. 그들이 이룬 성공은 무엇에 의한 것인지를 찾아보고 리서치한다. 무엇을 배워야 하는지, 어떤 경험을 쌓아야 하는지, 혹은 어떤 자격증이나 언어 능력이 필요한지, 어떤 네트워크를 쌓아왔는지 등등. 마지막으로 이런 과정을 현재 내 삶에 어떻게 적용해볼 수 있는지 생각하고 실천에 옮긴다. 가령 내가 대답을 한다면, "이 자리에 오기까지 여러 우여곡절이 많았습니다. 구글을 퇴사하기 전부터 저는 인권 운동 단체 중 XYZ단체에 가입해서 NGO 단체가 어떻게 활동하는지를 알아갔습니다. 특히 내가 관심 있는 입법 과정을 알아갔습니다. 3년 후에 퇴사해서 ……."

이렇게 스스로 문답을 하면서 매우 구체적인 질문지에 답하다 보면, 가까운 5년, 10년 뒤 내가 그리는 모습에 어떻게 다가갈지 '과정'을 보다 선명하게 구체화하게 된다. 그렇게 오늘 그려놓은 큰 그림은 내일을 맞이할 때 든든한 내비게이션이 되어 하루하루의 삶을 충실하게 이끌 것이다.

CHAPTER 24

가슴 설레게 하는 리더를 만나다

2007년 구글코리아에 입사하고 얼마 지나지 않아 나는 파리로 향했다. 각 나라 커뮤니케이션을 담당하는 사람들이 모이는 워크숍 행사에 참석한 것이다. 이를 '오프사이트'라고 부르는데, 보통 1년에 한 번 전사 커뮤니케이션 담당자들이 모여 서로 배우고 전략과 계획을 세우는 시간이다. 당시 아태지역 구글에는 따로 커뮤니케이션 조직도 갖춰지지 않았고 총괄 임원도 없었다. 아직 구글이라는 조직과 문화에 익숙하지 않은 내가 아태지역의 유일한 참석자였다.

오프사이트 전날, 마침 구글 검색 관련 기자간담회가 시

내 미술관에서 열린다는 소식에, 다른 나라는 어떻게 준비를 하나 견학할 겸 참석해보기로 했다. 고풍스럽지만 꽤 낡은 미술관에서 열린 기자간담회 자리에 속속들이 기자들이 모여들었고, 곧이어 당시 구글 검색 총괄 부사장인 머리사 메이어(Marissa Mayer)가 연단에 올랐다. 머리사 메이어는 창업자와 에릭 슈미트에 이어 구글에서 가장 영향력 있는 임원이었다. 그의 연설을 볼 수 있다는 것만으로도 감격적이었지만, 사실 그의 연설보다 시선을 끄는 것은 노후된 천장에서 뚝뚝 떨어지는 물방울이었다. 안전을 위해 미리 준비해둔 작은 그릇 위로 똑, 똑, 똑, 한 방울씩 물방울이 떨어지고 있었다. 문제는 그다음이었다. 메이어가 연설을 시작하자, 그 물방울이 갑자기 폭포수 같은 물줄기로 터져 나온 것이다.

쏴아-!

마치 양동이로 물을 붓는 것 같았다. 메이어 부사장은 잠시 당황하는 듯하다가 이내 말을 이어갈 수 있었다. 뒤에서 현장을 부지런히 수습하고 있는 한 직원 덕분이었다. 흰 라운드티셔츠에 검은 스키니 바지와 검은 스니커즈를 신은 그 여성은 재빨리 양동이를 가져와 쏟아지는 물을 받고, 물이 가득 차면 다시 비우러 다니면서 동에 번쩍 서에 번쩍 뛰어다녔다. 바닥에 늘어선 전기 확장선이 물에 젖지 않도록 이리저리 옮기고, 그 사이사이에 메이어 부사장을 안내하는 등 정신없이 바빠 보였다. '서양 애들 중에도 저렇게 빠릿빠릿하게 일하는 친구들이 있구나.' 인상 깊었다. 기자간담회가 계속되는 동안 그는 홀 뒤쪽 바닥에 철퍼덕 앉아 노트북을 들여다보며 자기 업무를 이어갔다.

쏟아지는 물줄기를 받아내던 그녀

그렇게 아슬아슬했던 기자간담회가 끝나고, 다음 날 학수고대했던 오프사이트의 첫 순서가 바로 유럽과 중동, 아프리카 지역 커뮤니케이션 총괄 VP의 오프닝 스피치였다. 그런데 이럴 수가! 어제 양동이를 들고 뛰어다니던 그 티셔츠 차림의 여자가 연단에 오르는 것이 아닌가! 어제 기자간담회장의 그 직원이 바로 레이첼 웻츠톤 부사장이었던 것이다. 너무 놀란 나머지 그가 오프닝에 어떤 말을 했는지 기억도 나지 않을 정도였다.

구글에서 나의 롤모델 레이첼과의 만남은 이토록 강렬했다. 그 순간은 나에게도 강렬했지만 레이첼 본인에게도 강렬했던 것 같다. 나중에 직장생활에서 가장 당황했을 때가 언제였냐는 질문에 레이첼은 바로 파리에서의 기자간담회

날이었다고 말한 적이 있다. 머리사 메이어의 눈앞에서 물이 콸콸 쏟아져 내렸을 때 자기도 눈앞이 캄캄해졌다고 한다. 부사장이라는 직급에도 망설임 없이 양동이를 들고 뛰던 그때가 그에게도 최악의 순간이었던 셈이다. 직급이나 격식을 따질 필요 없이, 가장 빨리 잘할 수 있는 사람이 일을 해결하면 된다는 리더상은 그날 이후 내 머릿속에 롤모델로 깊이 각인되었다.

지금 돌아보면 커뮤니케이션과 마케팅을 왔다 갔다 하며 좋아하는 것을 찾던 내가 커뮤니케이션 쪽으로 마침내 정착하게 된 것도 레이첼 웻츠톤 때문이었다. 2007년 첫 만남 당시 구글 유럽 지역 커뮤니케이션 총괄 VP였던 그는 2008년 글로벌 총괄 VP로 승진했다. (지금은 넷플릭스의 CCO로 일하고 있다.)

그가 글로벌 커뮤니케이션의 수장이 된 그해에 두 번째 연례 오프사이트에 참석했다. 오프사이트의 첫 순서는 역시 레이첼의 오프닝 스피치였다. 보통 오프닝 스피치는 조직의 리더로서 전략과 방향을 이야기하고 팀 분위기를 돋우는 격려와 칭찬을 건네며 10분 정도로 끝낸다. 그런데 레이첼은 달랐다. 보통 원고 없이 캐주얼한 스피치를 했던 다른 VP들과는 달리 그의 손에는 글자로 빼곡한 A4용지 예닐곱 장이 들려 있었다. 스피치 내용은 구글에 관한 것이지만 인터넷 산업과 기술기업이 가야 할 방향, 현재의 이슈나 앞으로 제기될 이슈들, 그리고 우리에게 다가올 수많은 기회에 대해 철저한 리서치를 담고 있었다. 놀라운 것은 그가 일곱 장의 대본을 모두 외웠다는 사실이었다. 그는 30분 정도 스피치를 하는 동안 힐끔 보는 것 외에는 대본을 건드리지 않았다. 이렇게 매년 오프사이트에서 레이첼은 변함없이 완벽한 연설을 준비해왔고, 나는 카리스마 넘치는 그의 오프닝 연설을 매년 가장 기다렸다.

'나도 저런 리더가 되어야겠다.'

나는 아무래도 레이첼에게 반한 것 같았다. 그저 사람만 좋은 리더가 아니라 전문 지식과 통찰력으로 앞서 나가는 그런 리더가 되어야겠다는 다짐이 절로 들었다. 여전히 닮고 싶은 사람이 있다는 건 참 고무적인 일. 그래서 오늘도 공부를 한다. 대학원에도 가고, 웹사이트를 뒤져가며 관련 기사를 모두 다 챙겨 읽고, 완벽한 영어를 구사하기 위해 오늘도 애쓴다.

멋있는 언니들, 따르고 이끌고 함께하다

일하는 사람으로서 성실하고 기민한 태도, 의사결정에서

놓치지 말아야 할 철학. 레이첼은 내게 한 조직의 책임자로서 무엇을 잊지 말아야 할지 강렬한 인상을 남겼고, 구글에서 보낸 15년 동안 내게는 상당히 중요한 롤모델이 되었다. 닮고 싶은 사람 하나가 있다는 것. 언젠가 CCO가 되겠다는 꿈도, 레이첼과 같은 뛰어난 의사결정권자가 되겠다는 꿈도 나를 끊임없이 움직이게 하는 동력이 되었다.

따져보면 내가 커리어에 있어 롤모델로 삼은 사람들은 대부분 여성이었다. 일을 할 때 남녀를 가르지 않고, 롤모델도 일부러 구분할 필요는 없지만, 비슷한 입장이라는 점에서 확실히 여성 롤모델에 대한 공감의 수준이 달랐다. 미국이나 한국이나 위로 올라갈수록 여성 리더가 정말 적다. 다양성의 가치가 최고로 존중받는 미국에서도 직장에서 여성의 성공 기회는 적은 게 현실이다.

이런 상황을 계속 맞닥뜨리다 보면, '아, 여자들에게는 이 정도 기회가 다인가 보다, 나는 할 만큼 한 거구나' 하며 나도 모르게 선을 긋고 포기하게 된다. 거기서 더 나아갈 생각을 쉽게 하지 못하는 것이다. 그리고 그런 태도는 나로 끝나지 않고 조직 전체에 퍼져나간다. 승진 대상자를 가를 때도 동등한 자격이 있는 직원들 가운데 "그래도 '가장' 역할을 하는 남성을 올려야 하지 않나요?"라고 말하는 분위기가 되어버리는 것이다. 잘나가는 여자들이 더 많아져야 한다.

그래야 그들을 보며 용기를 얻고, 꿈을 펼치고, 공정하지 못한 상황에서도 더 크게 목소리를 낼 수 있다.

여성 롤모델이 내게 힘이 되고 격려가 되듯이, 나도 내 후배들에게 저런 롤모델이 되어야겠다는 일말의 책임감을 느낀다. 그래서 그들이 나 말고도 다양한 롤모델을 찾을 수 있도록 사다리를 놔주는 역할을 자처하게 된다. 예를 들면 항상 팀원이 내 위의 상사와 만나 직접 교류할 수 있는 기회를 만들려고 했다. 미국에 오기 전에는 매주 아태지역 커뮤니케이션 VP와 함께 진행하는 1대 1 미팅이 있었는데, 한 달에 한 번 정도는 팀 전원 미팅으로 전환하여 아태 총괄을 직접 대면할 수 있게 했다. 그리고 미국에 와서도 한 달에 한 번은 VP와의 1대 1 미팅에 팀원을 초대해서 직접 발표도 하게 만든다. 접점을 만들어주고 싶기 때문이다. 리더들과 만나 이야기를 나눌 기회가 드문 주니어 때는 본인이 어떤 인정을 받고 있는지 파악하기 어렵다. 그들은 리더들과 직접 대면하는 것만으로도 격려를 받고, 리더들 중에서 롤모델을 찾는다.

롤모델이라는 막강한 동기부여 시스템을 만들 것

업무 성과가 좋은 사람일수록 급여나 복지 등으로 동기부여가 되는 것이 아니라 사람들의 인정과 칭찬이 가장 큰 동기부여 요인이 된다. 다시 말해 롤모델을 찾는다는 것은 자신에게 끊임없이 동기를 부여하는 시스템을 만드는 것이다.

물론 모두가 존경할 만한 상사를 만나는 건 아니다. 회사 안에 롤모델이 있다면 행운이라고 말할 정도다. 하지만 세상에 완벽한 사람은 없으니 영역별로, 시기별로 나누어 외부에서 롤모델을 찾아봐도 좋다. 3년 차일 때, 10년 차일 때, 20년 차일 때 롤모델이 다르고, 직장에서의 롤모델과 인생에서의 롤모델이 다를 수 있다. 그마저 안 되면 다른 업계에서라도 찾아보려는 노력이라도 해보자. 스피치, 의사결정, 성격, 업무수행 능력과 같은 더 작은 영역으로 세분해봐도 좋다.

부족한 상사를 부정적인 시선으로만 보다 보면, 부정적인 에너지 때문에 해야 할 일을 못 하고 봐야 할 것을 놓치다가 일을 그르치는 법이다. 인내심을 갖고 조금 더 낙관적으로 주위를 둘러보라. 분명 배울 만한 구석이 있을 것이다. 한 가지라도 배울 게 있으면 배우면 된다. 또 정 배울 게 없다면 저렇게는 절대 되지 말아야지 하면서 반면교사를 삼을 수도 있다.

지난 30년간 내 경험상 한 가지도 배울 게 없는 상사는 없었다. 이렇게 생각하는 태도는 정신 건강에도, 나아가 우리 커리어에도 큰 영향을 미친다. 작게는 불평과 불만으로 가득 차서 보낼 수 있는 하루를 기분 좋게 보낼 수 있고, 좀 더 크게는 팀이나 회사의 성장은 물론 나의 성장을 가르는 레버로 삼을 수도 있다. 상황을 어떤 관점으로 보는가를 선택하는 자는 다른 누구도 아닌 우리 자신이니까.

CHAPTER 25

거창한 시작이란 없다

미국에서의 첫 출근 날이었다. 지난 12년 동안 구글 서울 오피스에 있으면서 본사 출장을 스무 번 넘게 왔기에 익숙한 캠퍼스였다. 하지만 막상 이곳 소속으로 지낸다고 생각하니 살짝 긴장이 되었나 보다. 어슴푸레한 새벽, 잠에서 일찍 깨어난 나는 렌트한 차를 운전해 집에서 10분 거리인 구글캠퍼스로 향했다. 드디어 사무실 건물에 거의 도착할 때쯤 갑자기 경찰차가 사이렌 소리를 내며 나를 향해 달려오는 것이 아닌가. 새벽에 무슨 일이지? 의아해하는데 차를 갓길에 세운 경찰이 스피커로 내게 말했다. "갓길에 정차하세요." 아, 이게 무슨 일이지?

잔뜩 긴장한 채 갓길에 차를 세웠다. 영화에서 보고 배운 대로 창문을 내리고 핸들에 손을 얹은 채 가만히 기다렸다. 내게 다가온 경찰관은 플래시로 차 안을 밝히면서 살펴본다. 무슨 일이냐고 물으니, 경찰관은 아무렇지 않은 말투로 답했다. "아, 라이트를 안 켰어요. 아직은 날이 완전히 밝지 않았으니 라이트를 켜야지요." 잔뜩 긴장했다가 그 말을 들으니 안도의 한숨이 터져 나왔다. 그렇게 서로 몇 마디 대화를 나누다가 오늘이 미국에서의 첫 출근 날이라고 했다. 그제야 경찰이 웃으며 답했다. "축하해요. 운전 조심히 하고요." 다행히 딱지를 끊지 않았다. 아, 첫 출근에 만난 첫 번째 사람, 첫 출근을 축하해준 사람이 동네 경찰관이라니. 나, 잘할 수 있겠지?

당신만의 '이야기'를 들려주세요

처음 구글 면접을 볼 때가 생각났다. 2007년 구글 입사 당시 나는 총 일곱 번의 인터뷰를 봤다. 구글코리아 초창기였기에, 한국 오피스에는 직무 관련 채용 인터뷰를 진행할 사람도 없는 상황. 서울에서 채용 담당자와 1차 인터뷰를 마친 나는 다음 인터뷰를 위해 비행기를 타고 캘리포니아 마운틴뷰 본사로 날아가야 했다. 샌프란시스코 공항에서 자동차로 한 시간 정도 남쪽으로 달려간 그곳에서 1박 2일 동안 여섯 명을 더 만났다. 이 인터뷰를 위해 열세 시간 비행기를 타고 미국으로 건너와 24시간도 채 머물지 않고 서울로 돌아왔다. 아, 이 회사는 한 명을 채용하기 위해 이렇게 비행기값, 호텔비 등의 비용을 아끼지 않는구나. 속으로 감탄했다.

어떤 질문을 주로 할까? 인터뷰 내내 집중되었던 질문은 '무엇을 성취했는가'에 관한 것이 아니었다. 그들은 어떤 프로젝트를 했을 때 어떤 과정을 거쳤는지, 문제 해결을 어떻게 했는지에 대한 매우 구체적인 질문을 했다. 왓(what)이 아니라 하우(how)에 집중하는 질문들을 받으며 마치 나에 대한 사례 분석을 하는 기분이 들었다. 심지어 히말라야에 갔다고 들었는데 왜 갔냐, 거기서 무엇을 느꼈냐, 일정을 어떻게 짜느냐, 낯선 사람들과의 관계는 어떻게 맺느냐 등등. 이런 질문들을 통해 면접자의 소통 방법, 리더십, 열정, 긍정적 태도 등을 알아보는 것이다. 즉, 이 사람이 구글의 조직 문화에 알맞은 사람인가 하는, 컬처핏(culture fit)을 체크하는 질문이었다.

한 시간 단위의 1대 1 미팅으로 연이어 치러진 채용 인터뷰는 나를 120% 투명하게 드러내는 시간들이었다. 인터뷰

과정에 내가 그동안 꾸준히 준비했던 것들이 헛되지 않았음을 느꼈다. 특히, 그들은 여러 개의 대학원을 꾸준히 다니면서 전문 지식을 익히고 네트워크를 쌓은 것을 높이 평가했다. 수년간 학업과 직장을 병행한 것을 보고 커리어 개발에 대한 나의 진지함과 성실성을 인정하는 것 같았다. 채용된 후에 매니저에게 들은 바로는, 내가 산악 트레킹과 배낭여행을 하면서 육체적인 한계 상황을 극복하고 낯선 상황에도 당황하지 않고 문제를 해결하는 점도 높게 평가되었다고 한다. 여기에 다양한 사람들을 만나며 쌓아온 따뜻한 이야기보따리도 플러스 요인이었다고 한다. 사람들과 항상 부대껴야 하는 커뮤니케이션 담당자로서 긍정적인 사고와 열정을 보여주어서 높은 점수를 받았다는 것이다.

이 길고 긴 심층적인 인터뷰들이 모두 끝나갈 때쯤 구글이 정말 내가 있어야 할 곳이라는 생각이 들었다. 정말 다양한 사람들이 신나게 일하는 곳임을 인터뷰 자리에서조차 여실히 실감했기 때문이다. 면접관들도 이렇게 열정적인데 회사 분위기는 오죽할까?

첨단 기술 너머 사람 냄새를 전하는 스토리텔러

그렇게 구글코리아에 입사한 뒤 12년이 흘러 나는 다시 '누글러'가 되었다. 미국 본사에서 글로벌 커뮤니케이션 담당자로서 내가 하는 일은 '인터내셔널 스토리텔링'이다. 다들 묻는다. 도대체 인터내셔널 스토리텔링이라는 게 무슨 일이냐고. 한 마디로 내가 하는 일은 이야기를 '발굴'하는 것이다. 구글에 있으면 세상에 없던 혁신적인 기술을 모두 만나보게 된다. 그 기술은 대부분 우리의 일상을 편리하게 만들어주는 데 쓰인다. 35분 걸릴 길을 30분에 가게 해주고, 어디에 장애인 시설이 있는지 알려주는 등 유용한 제품이 많다. 이런 제품을 소개하는 일은 각 제품의 커뮤니케이션 담당자가 한다. 내가 보는 것은 바로 이 제품을 만든 사람들의 이야기다. 제품 혁신 뒤에 있는 사람 이야기를 끄집어내는 것이다.

구글에는 정말 별별 사람들, 별별 팀이 다 있다. 일하는 사람들의 수만큼이나 많은 이야기가 존재한다. 커뮤니케이션 담당자는 이런 스토리의 소재를 발굴하고, 언론을 통해 대중에 전달한다. 예를 들면 구글 안드로이드에서 론칭한 '라이브 트랜스크라이브(Live Transcribe)', 즉 실시간 자막이라는 앱이 있다. 이 앱의 기능은 말하는 것을 그대로 받아 적어 자막으로 보여주는 것이다. 가령 청각장애인과 대화를 해야 하는 상황이라면, 이 앱이 당신이 말한 것을 그대로 자막으로 보여줌으로써 원활한 소통이 가능해질 것이다. 심지어 실시간으로 번역을 해주기도 한다.

이 실시간 자막 기능의 개발자는 지역 언어가 다양한 인도 출신이다. 그는 언어가 서로 다른 이들이 경계 없이 소통했으면 하는 바람으로 이 기능을 고안했다고 한다. 그가 프로젝트를 함께한 이들 중에는 구강 구조가 일반인들과 달라서 발음을 또박또박 할 수 없는 장애를 가진 드미트리라는 사람도 포함되어 있었다. 드미트리의 발음은 사람들이 알아듣기 어려울 정도이지만, 그의 말하기에도 나름의 규칙이 있다. 그 규칙을 파악하고 번역할 수 있다면 다른 사람들과의 소통에서 어려움을 덜 수 있을 것이다. 이에 개발자는 드미트리의 말을 컴퓨터에 입력하고 머신러닝을 훈련시킨 다음 '드미트리 모델'을 만들었다. 라이브 트랜스크라이브라는 앱의 활용성을 더 크게 확장시킨 것이다. 드미트리는 이 앱 덕분에 "처음으로 손녀와 대화를 할 수 있었다"고 소회했다.

내가 하는 일의 첫 번째는 바로 이런 스토리를 발굴하는 것이다. 기술 만능주의가 아닌, 따뜻한 기술 이야기를 찾아낸다. 더 많은 사람들이 이런 이야기에 귀 기울이고 공감해주기를 바라면서. 스포트라이트를 받는 것은 내가 아니라 바로 그 이야기의 주인공이다. 나는 그들의 이야기를 세상에 전할 수 있도록 무대 뒤에서 스토리보드를 만들고, 스피치 연습을 도와주고, 그들의 스토리를 더 많은 사람들이 만날 수 있도록 미디어를 활용한다. 새로운 제품이나 기능의 론칭으로만 끝나지 않고, 그 제품에 대한 따뜻한 사람 이야기를 지속적으로 전하려고 노력한다.

더 깊이 공감하고 더 넓게 잇다

또 한 가지 내가 하는 일은 바로 전 세계 구글러들을 연결하는 일이다. 앞에서 말한 '스토리텔링' 역할을 '인터내셔널'하게 만드는 것이다. 구글이 소속된 모기업 알파벳은 전 세계 시총 5위 안에 드는 일류 글로벌 기업이지만 구글 구성원들 모두가 동일한 수준으로 글로벌한 시각을 갖고 있지는 않았다. 미국 본사에는 각각의 제품 커뮤니케이션팀이 있는데 이들을 유럽, 라틴아메리카, 아시아태평양 지역 글로벌 커뮤니케이션팀과 연결해주고 글로벌한 시각을 심어주는 게 내가 하는 또 다른 일이다.

이처럼 서로를 '연결'해주는 일에는 사소하게는 인터뷰

시간을 잡아주는 것부터, 중대하게는 구글 I/O 같은 큰 행사나 CEO 순다르 피차이(Sundar Pichai)를 위한 인터내셔널 프레스 행사 등을 계획하고 진행한다. 그렇기에 내 일과는 온종일 글로벌 팀과 미국 팀들과의 미팅의 연속이고, 미국이 아닌 전 세계 시각표를 기준으로 살아간다. 스페인에 있는 언론사와 인터뷰를 잡는다면, 내가 있는 샌프란시스코가 아니라 스페인의 시간대에 맞춰야 한다. 마치 모든 시간을 살아가는 헤르미온느처럼, 나는 24시간을 48시간으로 사는 것도 모자라 전 세계 시간을 모두 살아보고 있는 셈이다.

내가 미국에 온 뒤로 미국에 주재하고 있는 글로벌 언론에 대한 관계 맺기도 적극적으로 이뤄지기 시작했다. 영국의 BBC, 프랑스의 AFP, 스페인어권의 EFE, 독일의 〈슈피겔〉이나 〈한델스블라트〉, 일본의 〈아사히〉나 〈니케이〉, 인도의 TPI 등 각국에서 모인 언론사 특파원들은 실리콘밸리에서 벌어지는 일들에 촉각을 세우고 정보를 얻고자 하지만 정작 구글 본사의 누구에게 연락을 해야 할지 모르는 상황이 벌어진다. 이때 나는 이들 특파원들의 접점이 되어 전 세계 미디어들이 정확한 정보를 바탕으로 기사를 쓸 수 있도록 정보 공유자 역할을 한다. 지난 3년간 60여 개가 넘는 글로벌 미디어 특파원들을 만나 인터뷰하고, 라운드테이블을

Google
STRONG
5

가지며, 기자-담당자 관계를 넘어 인간적으로 가까워졌다. 그런 노력 덕분이었을까. 실리콘밸리 주재 특파원들 사이에 로이스 덕분에 구글이 '문을 열었다'는 코멘트가 이어졌다고 한다.

나는 새로운 팀을 맡으면서 아주 소박하게 시작했다. 사람을 연결하는 작은 일에서부터 말이다. 하지만 타인에게 관심을 기울이고 공감하면서 그들의 이야기를 전하고 연결하는 일의 가치는 결코 작지 않았다. 새로운 사업이나 거창한 슬로건을 걸고 시작하지 않아도, 빠진 고리들을 연결하는 것만으로도 문제들은 해결되기 때문이다. 화려한 성공도 좋지만 "로이스가 있어서 내 삶이 편해졌어"라는 얘기를 들을 때가 가장 행복하다. 누군가의 결핍을 이해하고, 그 결핍과 필요를 또 다른 누군가에게 제대로 전달하려는 노력들이 이어질 때 함께 일하는 사람들을 설득하고 그들의 마인드셋을 바꾸게 된다. 새로운 일을 시작할 때는 그렇게 거창할 필요가 없다. 그게 구글이 아니라 더 대단한 세계라고 할지라도 말이다.

CHAPTER 26

일하는 엄마의 아이로 키우면 됩니다

나는 여간해서는 잘 울지 않는다. 특히 회사에서 일 때문에 운 적은 거의 없는 것 같다. 그런데 꼭 울게 되는 때가 있다면, 바로 워킹맘들과 대화할 때다. 회사 내에서 이런저런 멘토링 시간, 혹은 그냥 맘을 터놓는 1대 1 미팅을 종종 갖는다. 특별하게 조언을 해줄 능력은 없지만 그냥 들어만 주는 것도 큰 힘이 되는 것 같아서다. 그럴 때면 아이 키우는 워킹맘들은 힘든 점을 얘기하다가 운다. 나도 따라 운다.

내 경우 육아는 사실 '거저먹기'였다. 시어머니와 친정어머니의 전폭적인 지원을 받았기 때문이다. 종종 동료들이 "로이스, 그렇게 애 방치해도 돼요?"라고 물을 정도로 나의 육아는 거의 방목에 가까웠지만, 두 어머니가 살뜰하게 필립을 챙겨주신 덕분에 일을 놓지 않을 수 있었다. 덕분에 안심하면서도 맘 한편으로는 아이를 직접 돌보지 못한다는 미안함 혹은 죄책감이 있었다.

내가 보기에 대부분의 젊은 워킹맘들이 힘들어하는 것은 일 자체가 아니다. 그들은 육아와 직장생활을 병행할 때 업무 성과가 성에 차지 않아 힘들어한다. 육아와 집안일 때문에 잠도 부족하고 고단할 것이다. 아이랑 많은 시간을 보내지 못해 미안하기도 할 것이다. 하지만 그보다 더 큰 스트레스는 아이가 없을 때만큼 일에 집중하지 못하는 정신적, 육체적 상황에서 찾아온다. 가사와 육아를 아무리 분담한다고 해도 아직까지는 워킹대디보다 워킹맘이 이런 문제에 더 취약하다. 아이를 갖기 전 120% 집중했을 때의 과거의 자신에게, 그리고 육아노동에서 좀 자유로운 남자 동료들에게 뒤처질까 봐 불안해지기도 한다.

육아에 대한 근본적인 해결책을 제시해주지 않고서는(아쉽게도 그런 건 없다), 이런 고민을 안고 있는 워킹맘들에게 도움되는 말을 해주기 어렵다. 하지만 아이와 함께하는 시간이 부족해서 죄책감을 갖거나 업무 자기 만족도에 대한 고민이 있다면 내 얘기에서 위안을 받았으면 좋겠다.

워킹맘 육아, 시간의 양보다 질로 승부한다

가장 먼저 워킹맘이 털어버려야 하는 마음은, 아이와 보내는 절대적인 시간에 너무 연연하는 것이다. 중요한 건 '퀄리티(quality) 타임', 짧더라도 함께 보내는 시간의 질이다. 당연히 아이와 함께하는 '퀀티티(quantity) 타임', 즉 시간의 양도 중요하다. 그럼에도 내가 쿨하게 얘기할 수 있는 건, 아이들은 생각보다 기억력이 좋지 않다는 것이다.

통계에 따르면 최초의 기억이 형성되는 시기는 평균 3세이고, 인생에서 가장 기억에 남는 시기는 15세에서 30세 사이라고 한다. 아이가 다 자라서 다섯 살 때의 어느 날 엄마가 유치원 등원을 함께해주지 못해서 너무 서운했다거나, 어느 주말에 출근하느라 자리를 비운 엄마가 미웠다는 말을 듣게 될까 봐 미리부터 걱정할 필요가 없다는 의미다. 물론 아이의 정서 함양을 위해서는 가족 구성원의 애정과 돌봄이 뒷받침되어야 하겠지만, 아이와 함께하는 모든 순간에 정성을 들여야 한다는 강박이나 죄책감은 조금 덜어도 좋을 듯하다.

대신 나는 아이와 함께할 때면 기억에 깊이 각인될 만큼 그 시간에 집중하는 방법을 택했다. 워킹맘 육아법의 제1원칙을 꼭 들어야 한다면 바로 이것이라 하겠다. 비록 일하는 시간에는 곁에 있어줄 수 없고 때론 야근 때문에 얼굴을 보기도 어렵지만, 퇴근 후 30분이라도 휴대전화를 들여다보지 않고 짧고 굵게 놀아준다. 아들 필립은 날 닮았는지 운동을 참 좋아한다. 그래서 초등학교 저학년 때는 퇴근 후에 집 근처 초등학교 운동장에 가서 함께 축구를 했다. 당연히 엄청 힘들었다. 지칠 줄 모르는 아이를 따라다니면서 한쪽 운동장 끝에서 반대쪽 운동장 끝까지 패스를 이어가는 건 거의 초주검이지만, 나도 그만큼 운동이 됐으니 괜찮다고 위안을 삼았다. 한때는 야구 글러브를 함께 골라 캐치볼과 배팅 연습을 했는데 필립은 여전히 나와 함께 공 던지고 놀았던 그때가 너무 행복했다고 말하곤 한다.

운동을 함께하며 전우애를 쌓다

어렸을 때부터 아이랑 같이할 만한 운동을 함께 찾아보는 것도 좋다. 내가 좋아하는 운동 중 하나를 아이랑 같이 해보는 거다. 운동 습관 형성에도 좋고, 무엇보다 좋아하는 것을 함께한다는 기쁨이 관계 형성에 도움이 된다. 나는 스노보드 타기를 좋아해서, 아이가 다섯 살 때부터 겨울마다 시즌권을 끊어서 스노보드를 같이 타러 다녔다. 2인의 스노보드

장비를 낑낑 어깨에 둘러메고 스키장에 가는 것은 고역이었지만, 같이 눈밭에 구르면서 하루를 보내고 나면 다섯 살 아이에게 친구보다 깊은 '전우애'를 느끼곤 했다.

물론 이 '전우애' 때문에 아직까지도 즐겁게 얘기하는 에피소드도 있다. 필립이 일곱 살 즈음 벌어진 일이다. 그날도 아이와 나는 강원도 평창의 한 스키장에서 하루 종일 리프트 운행 마감 시간까지 꽉 채워서 보딩을 즐겼다. 그렇게 타고도 아쉬웠던 나머지 힘들다는 아이를 데리고 가장 길다는 슬로프 리프트에 몸을 실었다. 마지막 다운힐이라, 나는 내 즐거움에 취해 아이보다 먼저 훌쩍 코스 아래로 향했다. 그런데 10분, 20분이 지나도 필립이 내려오지 않았다. 이제나 저제나 기다리는데, 한참 만에 패트롤카가 들것을 뒤에 매달아 내려온다. 그리고 그 들것에 누워 있는 건 다름 아닌 내 아이였다!

이럴 수가. 알고 보니 필립이 너무 지쳤던 나머지 다리가 풀리는 바람에 방향을 바꾸는 데 실패하고, 뒤에 따라오던 스키어와 충돌한 것. 아이는 다리가 부러져 있었다. 나는 두 달 동안 아이의 병수발을 들어야 했다.

왜 자기를 두고 내려갔냐고, 그래서 다친 것 아니냐고 원망할 법도 한데, 감사하게도 어른스러운 필립은 그러지 않았다. 오히려 그 후에도 필립은 스노보드를 타러 갈 때면 새벽 바람에도 즐겁게 나를 따라나섰다. "엄마는 내일 새벽에 출발해. 넌 가고 싶지 않으면 안 가도 돼. 엄마가 새벽 4시 반쯤 깨울 텐데, 한 번에 안 일어나면 엄마 혼자 갈게." 그러면 신기하게도 아이는 작은 속삭임에도 벌떡 일어나서 출발할 채비를 한다. 평일이면 일하느라 곁을 비우는 엄마와 그때만큼은 어떻게든 시간을 함께 보내고 싶은 마음이었던 것 같다. 일하는 엄마가 기를 쓰고 자녀와 함께하는 시간을 만들어내려고 하듯이, 아이도 함께 노력해주었던 것이다. 그것이 전우애가 아니면 무엇일까? 달리 표현할 말이 없다.

양육은 고유한 철학, 비교하지 않는다

필립을 키우면서 가장 암담하고 힘들었을 때는 초등학교 1, 2학년 때였다. 그때 나는 너무 일이 바빠서 아이의 알림장을 꼬박꼬박 읽는 것도 힘들었다. 조금 늦게 퇴근하는 날이면 이미 동네 문구점이나 슈퍼마켓은 문을 닫은 지 오래. 알림장을 확인하고 준비물을 챙기려 해도 이미 때는 늦었다(지금이라면 새벽배송을 활용했을까?). 다음 날 아이를 준비물 없이 보내는 마음은 너무 무거웠다. 그럴 땐 아이에게 "왜 미리미리 얘기를 안 했니? 낮에라도 전화를 하든가 문자를 하든가!" 하고 괜히 짜증을 부리고 타박을 했다.

하지만 곧이어 그런 생각이 들었다. 아이에게도 스스로 준비물을 챙겨가는 책임을 줘야 한다는 것. 워킹맘의 역할은 전업맘의 역할과 달라야 한다. 엄마 역할은 고정된 것이 아니다. 엄마가 제시간에 퇴근하지 못하면 집안의 다른 어른에게 도움을 청하거나 엄마에게 미리 연락을 한다는 원칙을 만들면 된다. 그럼에도 아이가 제시간에 숙제를 하지 못하고 준비물을 챙기지 못하면, 너무 맘 상하지 않도록 아이 스스로 맷집을 키우는 수밖에 없다. 그건 일하는 엄마의 잘못이 아니기 때문이다.

어떻게 하면 전업맘에 뒤지지 않고 남들만큼, 혹은 더 잘 해줄 수 있을지 고민이 클 것이다. 하지만 워킹맘이 잊지 말아야 할 또 다른 원칙 하나, 주변과 비교하지 않는 것이다. 다른 아이가 뭘 하는지, 어떤 학원을 다니고 선행학습을 얼마나 했는지, 그런 얘길 들으면 부모는 불안해진다. 자꾸 들으면 내 교육관이 흔들리고 남들에게 휘둘리기 마련이다. 때론 직장에서 잘나가는 여성일수록 아이가 학교에서 잘 적응하지 못한다는 근거 없는 얘기를 듣기도 한다. 아이가 조금이라도 떨어지면 엄마인 내가 못 해줘서 그런 것 아닐까 조바심이 든다. 하지만 그렇다고 해서 남들 하는 대로 아이를 이 학원 저 교습소로 '돌리는' 것은 불안감 해소밖엔

되지 않는다.

대신 아이가 하고 싶어 하는 건 놓치지 말고 귀 기울여 들어야 한다. 필립이 여섯 살이 되었을 때 어느 날 바이올린을 배우고 싶다고 했다. 유치원 친구가 바이올린을 배우고 있었던 모양이다. "그래 한번 해보자." 흔쾌히 허락하는 대신 조건을 붙였다. 무엇을 하더라도 최소 2년을 해야 한다는 것. 바이올린, 영어, 축구, 스케이팅…… 배우고 싶은 건 다 하게 해주겠지만 꼭 2년은 해야 한다는 다짐을 받았다. 여섯 살짜리 아이가 버티면 얼마나 버티겠어. 내심 큰 기대를 하지 않았는데, 필립은 바이올린 수강을 꾸준히 이어나갔다. 하루가 다르게 쑥쑥 자라는 몸에 맞춰 바이올린 사이즈를 다섯 번이나 키웠을 때쯤, 그러니까 바이올린을 배운 지 2년째 되던 어느 날, 필립이 말했다.

"엄마, 나 바이올린 2년 했으니까 이제 피아노 배우고 싶어."

필립은 엄마와 약속한 2년을 꼬박 채우고 나서야 피아노를 배우고 싶다고 말했다. 너무도 감격스러웠다. 음악학원에서 피아노 치는 아이들이 부러웠을 텐데, 그런 마음을 꾹 누르고 나와 약속을 지킨 아이의 속 깊음 때문이었다. 기다렸던 시간만큼 피아노에 대한 필립의 애정은 더 커져 있었다. 학교에서도 집에서도 10분 이상 집중하지 못하던 아이가 피아노 선생님에게 "필립은 피아노방에 들어가면 나오질 않아요"라는 칭찬을 받았다.

아이는 음악학원에서 숙제도 하고 간식도 먹고 낮잠도 자면서 피아노를 쳤다. 내가 야근할 때면 미리 얘기를 해놓은 주변 식당에서 저녁을 먹고 피아노를 쳤다. 말 그대로 음악학원에서 살다시피 하는 아이를, 학원의 원장 선생님은 정말 제 아이처럼 대해주시고 보살펴주셨다. 나는 그저 아이가 하고 싶고 집중할 수 있는 걸 찾았다는 사실 하나만으로 감사했다. 그렇지만 아이가 압박을 느끼지 않도록 했다. 아이가 좋아하는 것에 괜히 아는 체를 해서 아이의 순수한 즐거움을 앗아가지 않도록 늘 조심했다. 뒷전에 있으면서 지켜보는 것으로 내 몫을 다했다.

결과론이지만 동네 음악 학원에서만 배운 실력으로 아이는 그 유명하다는 미국 버클리 음대에 들어가게 되었다. 음대에 지원하지 않으면 후회할 것 같다면서 본인이 알아서 포트폴리오를 만들고 원서를 넣었다. 오케스트라나 프로페셔널 쿼텟을 고용해 포트폴리오까지 만들어내는 수많은 입시생들 가운데 필립은 그저 자기 창의성 하나로 입시에 도전했다. 부모의 때가 묻지 않은 것이 매력이었을 수도 있겠다. 내가 손대지 않았기 때문에 아이가 원하는 것을 찾아 스스로 성장한 것이라고 생각한다. 물론 그렇게 되기까지 늘 주변에서 좋은 분들을 만나는 큰 행운이 뒤따랐지만.

일상을 공유하는 장치를 만든다

마지막으로, 아이와 가족 일기를 써보기를 권하고 싶다. 훌쩍 커버린 아이와 지금도 주제를 막론하고 터놓고 얘기할 수 있는 것은 어려서부터 많은 대화를 나눈 덕분이다. 지금도 그 대화의 시간들이 아이와의 관계에 영향을 미치고 아이가 살면서 중심을 잡아가는 데 도움을 주는 것 같다.

사실 아이와 얘기하는 시간을 확보하는 게 쉽지는 않다. 특히 맞벌이 가족이라면 서로 얼굴 마주할 시간도 없다. 모두가 바쁘다. 남편도 바쁘고, 나도 바쁘고, 아이도 바쁘다. 그래서 우리 가족은 가족 일기를 썼다. 매해 구글 닥스(문서)에 가족 일기장을 만들어 매일매일 본인의 하루를 아주 짧게라도 정리했다. 구글 닥스는 실시간으로 구성원이 함께 쓰고 볼 수 있어서 좋다. 매일매일 얼굴 보고 얘기를 못 해도 항상 같이 있는 듯한 느낌을 준다.

그렇게 한 해 동안 일기를 쓰면 거의 100페이지가 넘어간다. 물론 아이가 자라고 사춘기가 되면서 점점 그 일기장에 쓰지 않는 얘기들이 늘어가기도 한다. 그래도 그 일기장은 아이와의 연결을 놓지 않는 실마리 같은 것이다. 이제 성인이 된 필립은 어렸을 때의 여행 얘기를 많이 한다. 최근에는 수년 전에 갔던 남미 트레킹 여행에 관한 가족 일기를 보면서 기억이 새록새록 떠올랐다는 뜬금없는 문자를 보내왔다. 예전 가족 일기장을 들춰보면서 과거의 다양한 여행 경험에 대해 새삼 감동스러웠다고 했다. 10여 년 전의 추억이 아직도 아이 가슴에 살아 있다는 게 참 기뻤다. 구글 닥스를 활용해 가족 일기를 쓰라고 주변 친구들이나 후배들에게 많이 권하긴 했는데, 막상 실제로 하는 사람은 아쉽게도 보지는 못했다. 아이가 어렸을 때 시작해보기를 강력 추천한다.

지금도 아이랑 그런 얘기를 한다. "너 어렸을 때 엄마가 공부를 좀 더 시켰으면 하는 생각은 안 드니? 너무 놀게 했다는 생각은 안 드니? 엄마가 일하느라 같이 많은 시간을 못 보낸 게 섭섭하지는 않았니?" 혹시라도 그렇다고 답할까 긴장한 목소리로 물으면 필립은 이렇게 답한다. "아니, 나는 엄마가 나랑 시간을 많이 보내줘서 그게 좋았어. 그리고 엄마가 일하는 게 너무 자랑스러워. 엄마가 다른 엄마들이랑 달라서 너무 좋아." 그럴 때면 그동안 가슴 조마조마했던 순간들이 싹 다 잊힌다.

엄마가 열심히 일하며 살아온 시간을 진심으로 응원하

고 존중하고 있구나, 내 아이가 그런 아이로 컸구나 하는 안도감 때문이다. 아이는 스물다섯이 된 지금도 "사랑해"라고 말하며 전화를 끊는다. 물론 옆에 친구가 있을 땐 목소리를 낮추고 속삭이듯이 말한다. 그러면 '이만하면 잘 키웠는걸!' 하면서 스스로를 '쓰담쓰담 하게' 된다.

CHAPTER 27

여행길에 아들에게 100만 원 뜯긴 사연

필립이 어렸을 때부터 나는 종종 특별한 여행을 했다. 전국지도 한 장을 주고 가고 싶은 곳을 찍으라고 하는 것이다. "네가 찍는 곳이라면 어디든 갈게." 워킹맘으로서 일이 바빠 하루 대부분의 시간을 함께하지는 못하지만 양보다는 질로 승부해보겠다는 마음으로 시작한 일이다. 한 달에 두어 번, 엄마 혹은 아빠와 단둘이 가는 여행은 집에서 보내는 시간에 비해 집중도가 열 배 높다. 아이는 이런 여행의 기억을 매우 오랫동안 간직한다.

너와 함께라면 어디든 갈게

여행 목적지는? 반드시 아이가 고르게 했다. 아이는 지도를 훑다가 도시 하나를 콕 짚는다. 부산, 전주, 광주 같은 큰 도시를 고르면 다행이지만, 금산, 여주, 안성같이 하룻밤을 자고 오기에는 너무 가깝거나 볼 것이 크게 없는 곳을 고르기도 한다.

한번은 필립이 음성을 찍었다. 그때만 해도 음성은 전혀 유명한 관광지가 아니었지만, 뭐 어떤가. 아이가 한번 찍으면 무르지 않고 그냥 가는 거다. 어디든 가면 향교라도 있고 시장이라도 있을 테니까. 아이도 자기는 그냥 찍었을 뿐인데 엄마가 진짜 그곳을 향해 가면 신기해하고 여행 자체에도 흥미를 느낀다.

우리만의 여행에 또 다른 원칙이 있다면 가깝거나 멀거나 꼭 하룻밤 이상을 자고, 여행은 '천천히' 한다는 것이다. 예쁜 호텔이나 리조트보다는 가족이 운영하는 민박을 선택하고, 이동 역시 항상 대중교통만을 이용해 많이 걷고 많이 돌아다닌다. 여행에서 짧은 시간에 많이 보고 많이 다니는 걸 선호하는 사람도 있겠지만, 나는 효율을 내려놓고 하나를 봐도 천천히 오랫동안 즐기는 여행을 필립과 함께하고 싶었다. 물론 편한 여행은 아니었다. 여행은 걷고 기다리는 것의 연속이겠지만, 아이는 자기가 선택한 여행이므로 기꺼이 즐겁게 동행한다. 여행지를 같이 결정하고, 같이 즐길 것을 찾아가고, 같이 걷고, 같이 고생하다 보면 그 시간이 기억에 훨씬 더 깊이 오래 남는다. 다 같이 가는 가족 여행에서 하지 못하는 이야기들도 할 수 있겠지. 절대적인 시간의 양을 보상해주지는 못하겠지만, 엄마와 함께하는 시간에 흠뻑 젖게 해줄 수 있으리라 믿었다.

때로는 시장에 들러서 집에 계시는 필립의 할머니께 드릴 이런저런 나물을 사고, 시장 국수 한 그릇을 사먹었다. 아이와 엄마가 단둘이 거닐 때면 싱글맘인가 싶어서인지 시장 어른들이 더 친절하게 대해주시기도 했다. 버스에서, 시장에서, 거리에서, 민박집에서 만나는 다양한 사람들의 진짜 삶의 모습을 필립에게 꼭 보여주고 싶었다. 그리고 언젠가 그 추억을 오버랩하면서 대화를 시작할 수 있으리라고 믿었다.

당장에는 공감대도 없고 많은 대화를 나누지 못한 여행이더라도, 같은 것을 보고 같은 음식을 먹고 같은 것을 느낀 추억은 나중에 시간이 지나 고스란히 소환될 것이다. "엄마, 내가 그때 거기서 먹었던 게 장칼국수던가?" 그리고 그 추억은 또 다른 대화의 시작이 된다.

사춘기 아들과 여행한다는 것

그런데 이렇게 단둘이 떠나는 여행은 아이가 사춘기가 되면 상당히 난이도가 높은 도전이 된다. 호르몬 변화가 왕성한 중2병 아들과 24시간 같이 있는 건 늘 조마조마한 일이다. 하루 한두 마디 말이 전부이고, 기분이 내키지 않을 때는 한나절 내내 말 한마디 안 하는 아이와 함께 있으면, 겉으로는 그러려니 했지만 속으로는 엄청 상처를 받았다. 사춘기 소년과 여행할 때는 내가 왜 여행을 하고 있나 내 발등을 찍고 싶은 순간이 하루에도 수십 번씩 생긴다.

10여 년 전 나는 필립과 단둘이 스페인 여행을 떠났다. 그 해 여행의 콘셉트는 '축구'였다. 어렸을 때는 그냥 손 가는 대로 여행지를 골랐던 필립이 머리가 크니 테마를 정해 여행지를 고르기 시작했다. 아이가 고르면 무조건 간다. 여행의 원칙은 어김없이 적용되어서, 2주라는 긴 시간 동안 필립이 가자는 대로, 잠자코 따라나설 수밖에 없었다. 문제는 2주 내내 그 좋은 스페인에서 축구장만 가야 했다는 것이다. 필립과 나는 "이런 데 오면 꼭 가줘야지" 하는 유명한 박물관이나 미술관은 가보지도 못하고 스페인의 유명하다는 축구장을 찾아다녔다. 아아, 나도 축구 말고 다른 게 보고 싶었다.

축구 관람 여행의 클라이맥스는 바로 엘 클라시코! 레알 마드리드와 FC바르셀로나 간의 경기란다. 엘 클라시코가 뭔지도 몰랐던 나는 그날도 필립을 따라갔을 뿐이었다. 당연히 모든 티켓은 매진되었고, 개인 간에 사고 팔리는 티켓 한 장 값은 무려 100만 원. 무조건 필립이 원하는 루트대로 여행하겠다고 했지만, 100만 원이라는 큰돈 앞에서 그 원칙을 번복하고 싶은 마음이 굴뚝같았다. "아무리 그래도 100만 원이면 큰돈인데, 100만 원이나 하는 경기를 꼭 봐야겠니?" 내가 망설이듯 묻자 필립은 꽤 강경한 목소리로 이렇게 되물었다.

"엄마, 우리가 스페인 여행을 평생 몇 번 더 올 것 같아?"

"음, 글쎄 한 번?"

"엄마, 우리가 이번에 스페인 여행을 왔어. 엘 클라시코는 1년에 두세 번 하는 세기의 경기인데, 우리가 딱 이때 스페인에 올 가능성은 얼마나 될 것 같아?"

"음……."

대답할 수가 없었다. 너무 논리 정연하고 설득력 있어서 그대로 필립에게 넘어가버린 것이다. 당연히 기분도 나쁘지 않았다. 필립이 이렇게 설득력 있게 얘기할 수 있는 애였나? 속으로 감탄하면서 눈물을 머금고 표 구하기 작전에 들어갔다. 하루에 한두 마디 말이 다인 사춘기 아들과 그나마 이렇게 대화를 이어나갈 수 있었던 것은 오직 여행 덕분이라고 스스로를 달랬다.

필립과의 1대 1 여행은 그 후로도 계속되었다. 이제 스물다섯 살이 된 필립은 그때의 이야기를 종종 꺼낸다. 자기가 투정을 부리긴 했지만, 엄마가 선뜻 100만 원이 넘는 표를 사올 줄은 몰랐다고. '우리 엄마는 다르구나. 정말로 내 말을 귀 기울여 들어주는구나'라고 생각하게 되었다고. 100만 원을 들여 10년이 지난 지금까지도 이런 평판을 얻을 수 있다니, 지금 생각해도 돈이 아깝지 않다.

CHAPTER 28

두 개의 성을 쓰는 이유

정김경숙을 만들어준 여성들

1남 3녀 중 막내딸. 아들 다음 딸, 딸, 딸이 이어진 것을 보면 부모님은 아들을 바라고 계속 아이를 낳으신 것 같다. 자라면서 "네가 아들이었다면", "우린 네가 아들인 줄 알았어"라는 말을 종종 들었다. '이미 태어난 걸 어쩌라고?' 속상할 때도 있었지만 솔직히 때로는 내가 아들이었으면 하고 바랄 때도 있었다. 부모님이 아들딸을 드러내어 차별하신 적은 없었지만, 은연중에 맏아들에 대한 특별한 믿음이나 기대 그리고 그에 부응하는 전폭적인 지원을 보여주실 때면 언니들과 나는 시샘의 눈빛을 숨길 수 없었다. 학교에서 1등 성적표나 장학 증서 같은 걸 받아와 부모님 품에 안겨드릴 땐 열 아들 안 부럽다고 하시면서도, "네가 막내아들이다" 하는 웃지 못할 칭찬을 하시곤 했다. 그래도 당시 고리타분하던 시골 어른들에 비하면 우리 엄마아빠는 정말 깨어 있는 사람들이었다고 자부할 수 있었다.

그러다가 캠퍼스커플로 만난 지금의 남편과 스물넷에 결혼을 했다. 놀라지 마시라. 남편은 종갓집 종손, 즉 맏아들의 맏아들이었다. 이 사람과 결혼하면 나는 종갓집 맏며느리가 되는 건가? 연애할 때는 한 번도 그려본 적 없는 낯선 그림에 두려움이 스멀스멀 피어올랐다. 아니나 다를까, 시어머님은 은퇴하시는 순간까지 직장을 다니면서도 1년에 열 번 넘는 제사를 포함한 종갓집 대소사와 온갖 집안일을 다 책임지고 계셨다.

하지만 다행히도 시어머니는 내가 30년 넘게 직장생활을 하는 동안 음식을 해주시고 아이를 맡아 길러주시는 등 전폭적인 지지와 응원을 보내주셨다. 어머니는 모든 제사와 차례는 본인의 대에서 끝내시겠다며 열 개 넘던 제사를 차근차근 정리하셨다. 그리고 내가 회사에 나가고 대학원을 다니는 동안 저녁 늦게까지도 손주 필립의 육아를 맡아주셨다. 더 많은 여자들이 더 오래 일했으면 좋겠다는 바람으로,

늘 며느리를 자랑스러워하고 지지해주셨다. 어머니와 시어머니, 이 두 여성의 헌신적인 지지와 도움이 없었다면, 구글러 정김경숙이라는 정체성은 존재할 수 없었을 것이다.

우리의 이름은 진화하고 있다

김경숙으로 29년을 살고 서른 살이 되던 해, 난 '정김경숙'이란 이름으로 명함을 새로 만들었다. 엄마 성 '정'과 아빠 성 '김'을 붙여 부모님 성을 함께 쓰기 시작한 것이다. 민법상 성인이 성을 고치는 것은 거의 불가능해서 호적까지 바꾸진 못했다. 아버지의 김씨 성을 유지한 채 이름 부분에 엄마의 정씨 성을 넣어서 '김정경숙'으로 하면 호적상 이름을 바꾸기는 수월하겠지만, 내가 원한 것은 엄마 성을 앞에 내세우는 것이었다. 당시 모토로라코리아에 근무하던 나는 명함을 포함해서 대외적으로도 정김경숙이라는 이름을 쓰기 시작했다.

주민등록상으로는 여전히 김경숙. 하지만 20년 넘게 새 이름으로 불려온 지금은 정김경숙이란 호칭에 아주 익숙해져서, 옛날 친구들이 김경숙이라고 부를 때면 꼭 남의 이름에 대답하는 것 같아 꽤 어색하다. 일 때문에 만난 분들은 양성 호칭에 익숙지 않아서인지 아직도 가끔 김 전무, 혹은 정 전무로 부르기도 하고, 두 성의 순서를 헷갈려 김정 전무라고 부르기도 한다. 명함을 주고받을 때 내 명함을 받아든 사람이 양성 쓰기에 대해 한 번이라도 생각했다면 충분하다고 생각한다.

새로 명함을 받던 날, 새 명함 1호를 엄마에게 드리면서 말했다. "엄마, 엄마는 세상에 저를 있게 만든, 제 존재의 반이에요. 이렇게요."

정김경숙이라는 새 이름이 새겨진 빳빳한 명함을 받아든 엄마의 눈시울이 붉어졌다. '그래, 정말 잘한 결정이었어.' 다른 누구도 아닌 엄마가 지금의 나를 만드셨다는 이야기를 엄마에게 들려주고 싶었다. 엄마와 딸이라는 모녀 관계를 넘어 여성과 여성의 연대로 다시 태어난 날이었다. 그날 이후 막내딸의 어리광을 받아주시는 분을 넘어, 크고 작은 공동체에 속한 여성으로서의 엄마가 더 눈에 들어오기 시작했다. 서로에게 좀 더 가까워진 것을 느끼면서.

그런데 몇 해 전, 어느 언론사에서 인턴 기자를 만난 적이 있다. 명함에는 '경화(가명임을 밝힌다)'라는 두 글자만 쓰여 있었다. 나는 당연히 외자 이름이라고 생각해 이름이 너무 예쁘다고 칭찬했다. 그러자 그 친구는 "아니요, 저는 부모님 성을 떼고 이름만 써요. 결국 중요한 건 제 자신이 아닌가

해서요"라고 답했다.

그 친구가 부모님을 존경하지 않거나 그 존재를 가볍게 여겨서가 아니다. 물려받은 것보다 본인이 만들어갈 것에 더 초점을 맞춘다는 의미였다. 어머니나 아버지 중 누구 성씨를 먼저 쓸까 하는 내 세대의 고민에서 한 발 더 나아가, 자신에게 중심을 옮겨 부모 성을 이름에서 뚝 떼어버린 그 친구의 말이 한동안 가슴속에서 공명했다. 이렇게 여성의 사회적 자아는 점점 더 진화하고 있고, 자아를 실현할 방법을 찾기 위한 고민과 실천도 다양해지고 있구나. 내가 할 수 있는 일은, 더 다양하고 더 많은 여성들이 더 많은 영향력을 떨칠 수 있도록 길을 다지는 것이 아닐까. 누군가의 좋은 롤모델이 되고 싶은 마음이 하루하루 더 커진다.

CHAPTER 29

직장생활 도합 100년의 연대

직장생활을 하면서 우리에게 가장 힘이 되는 동시에 우리를 가장 힘들게 하는 것이 바로 '사람'이다. 퇴근해서 집에 돌아오면 가족이나 함께 사는 파트너가 아마도 이렇게 물어볼 것이다. "회사에서 무슨 일 있었어?" 그럴 때면 '아, 뭘 어디서부터 어디까지 얘기해야 할까' 고민하다가 "(에효~) 얘기하자면 길어"라며 얼버무리는 경우가 종종 있다. 나도 마찬가지다. 내 주변에는 가족뿐 아니라 고등학교 때 '절친'도 있고, 운동 친구도 있고, 다른 회사에서 만난 친구들도 있는데, 이상하게도 편히 털어놓지 못하는 이야기들이 생긴다. 바로 회사에서 겪는 어려움이나 고민들에 관한 것들이다. 얘기하기 싫어서가 아니다. 자초지종을 얘기하려면 서두가 너무 길어질 것이 뻔하고, 혹은 내가 다니는 회사의 뒷얘기를 하는 것 같아 꺼림칙해서다.

이럴 때 같은 회사를 다니는 동료 중에 맘이 맞고 서로 솔직하게 생각을 터놓을 수 있는 신뢰할 사람이 있다면 얼마나 좋을까. 마치 학교 다닐 때, 뭘 배우는 재미보다 친구들이 보고 싶고 함께 놀고 싶어서 학교 가는 게 좋았던 것처럼. 직장에 그런 친구가 있다면 회사 가는 일이 그렇게 힘들지만은 않을 것이다. 흔히들 머리가 크면 친구 만들기가 어렵다고들 한다. 대학 이후에 친구 만드는 건 기대도 하지 말라고 엄포를 놓으면서, 직장에서는 친구 사귀는 게 아니라고 단단히 경고하곤 한다. 하지만 나는 이 말에 절대 동의하지 않는다.

나의 가장 큰 지지자, 동료 그룹

누군가가 내게 "당신의 커리어를 지탱하는 서포팅 시스템(supporting system)은 무엇인가요?"라고 묻는다면, 단박에 "'핑클'입니다"라고 답할 것이다(앗, 가수 핑클을 모르는 사람도 있겠지?). 내게는 30대 후반에 만나 20년 가까이 우정을 쌓아가는 네 명의 '절친' 그룹이 있다. 여자 네 명의 모임이라 비공식 모임 이름이 '핑클'이다. 어떻게 만난 사이냐고? 우리 넷은 30대 후반에 한국릴리에서 회사 동료로 만났다. 서로 부서가 달랐지만 우연히 커피 챗 시간을 가지며 몇 안 되는 여성 직원들끼리 고민을 나누다 보니 조금씩 가까워졌다.

경영/마케팅리서치, 홍보/마케팅, 인사, 재무 등 우리 넷이 서로 다른 분야에서 전문성을 쌓아온 직장생활 기간을 합치면 100년이 넘는다. 우리 네 명이 모이면 MBA 과정도 만들 수 있겠다는 우스갯소리도 한다. 한두 달마다 만나 서너 시간 깔깔대며 쉼 없이 얘기를 나눈다. 스트레스를 날려버리는 수다 속에도 100년이 넘는 직장생활의 경험과 지혜가 녹아 있고 열린 마음으로 들려주는 조언들이 자연스레 섞여 있다. 이제 쉰을 훌쩍 넘긴 이 네 명의 여성이 지금도 자신 있게 직장생활을 하는 데는 서로 주고받는 응원과 지지의 힘이 큰 역할을 하고 있다.

연대보다 강력한 힘은 없다

회사에서 자기 일에만 몰두하다 보면 유관 부서의 일 말고 다른 일에 무심해지게 되고, 어느덧 자기 분야에 갇혀 섬처럼 일하게 된다. 경력이 쌓여 전문성이 높아진다는 것은 그만큼 분야가 협소해질 수 있다는 의미이기도 하다. 그럴 때 타부서 동료들과 서로 전문성을 나누는 일은 매우 중요하다. 직무상 상관없는 일이란 없다. 다른 부서 사람들과 주기적으로 소통하다 보면 새로운 개념이나 트렌드를 알게 되기도 하고, 바로 옆 팀에서 어떤 일이 벌어지고 있는지, 그 팀의 주요 관심사는 무엇인지, 그게 회사 전체와 어떤 관계가 있는지 등에 대해 자연스럽게 알게 된다.

이렇게 의미 있는 네트워크를 형성하고, 이로부터 다양한 재능과 시각을 접할 기회를 확장하고, 폭넓은 정보를 수집하고, 다양한 사람들과 영향력을 주고받는 등의 이점을 얻는 것을 '관계자본(social capital)'이라는 말로 설명하기도 한다. 말 그대로 관계가 돈 이상의 이득을 줄 수 있다는 의미다.

세 명의 친구들이 일하는 모습을 지켜보는 것만으로도 나는 큰 용기를 얻으며 자극을 받았다. 경영 지원 업무를 하던 재키는 인사부(HR)로 사내 이동을 한 후 짧은 시간 내에 인사 분야의 전문성을 쌓아가면서 조직의 인정을 받기 시작했다. 직원들과의 신뢰관계를 바탕으로 참으로 어렵고 복잡한 일을 놀랍도록 잘 풀어나가는 재키 덕분에 나는 회사의 흐름을 읽고 경영진을 이해시키면서 사람을 우선하는 인사 책임자의 역할을 어렴풋이 이해할 수 있었다.

친구 민영은 마케팅리서치 전문가였다. 항상 '솔' 높이의 목소리로 여기저기 휩쓸고 다니는 나에 비해, 어떤 상황에도 긴장하는 기색 하나 없이 찬찬히 문제를 해결하는 그의 모습에 나는 매료되었다. 회의석상에서 마켓데이터를 제시하며 차분하고 분명한 목소리로 주요한 의사결정을 이끌어내곤 하던 민영은 이후 마케팅 전문성을 인정받아 바이오테크 기업의 대표로 옮겨갔다. 관대한 경영자로서 직원들의 신뢰를 받고 있는 민영은 여전히 나를 감동시킨다.

재무 중간관리자였던 엘렌은 내가 가장 갖지 못한 것을 가지고 있어서 더 좋았던 친구다. 바로 숫자 감각이다. 사실 10년 차까지만 해도 나는 아직 재무부서가 매번 활동 예산이나 깎고 직원들 영수증 비용 처리나 해주는 부서라고 알고 있을 정도로 무지했다. 엘렌을 사귀면서 회사 사업 전체를 조망하면서도 마케팅 마인드로 시장을 예측하고 재무적으로 계획하는 업무의 본질을 깨달을 수 있었다. 내가 특정 사업부를 맡더라도 거시적인 시각에서 회사 전체의 운영과 흐름을 보려고 애쓰게 된 건 순전히 그의 영향이 컸다.

이 동료 네트워크의 가장 큰 장점은 무엇보다 회사 안에 강력한 서포터가 생긴다는 점이다. 타부서의 동료들과는 성과의 기준이 다르기 때문에 경쟁보다는 서로를 응원하고 성장을 독려하는 관계가 형성되기 쉽다. 내가 홍보 직무에서 마케팅 직무로 옮길지 말지를 고민하고 있을 때, 가장 결정적인 조언을 준 것은 바로 이들 동료 그룹이었다. 회사 사정과 흐름을 잘 알고 있는 이들로부터 가장 관련성 있는 조언을 들을 수 있고, 또 각기 다른 부서 전문가의 시각에서 거리를 두고 합리적으로 제시한 의견을 들을 수 있었던 것이다.

이렇게 30대에 만났던 우리 넷은 모두 각자의 자리에서 커리어를 키워나가고 있다. 한 명 두 명 회사를 옮기게 되어 마침내 네 명 모두가 각기 다른 회사에서 근무하게 되었을 때 오히려 결속력이 강해졌고, 한 해 두 해 갈수록 우정은 더욱 도타워졌다. 모두가 중간관리자를 넘어 한 조직의 C 레벨로 올라가, 서로 다른 산업계나 회사에서 쌓은 인사이트를 나누면서 서로를 더욱 필요로 하게 되었다. 당시 HR 부서에 있던 재키는 현재 한 제약사의 HR 부서장이 되었고, 마케팅리서치팀에 있던 민영은 바이오테크 기업의 대표가 되었다. 재무팀 엘렌은 한 국제 비영리기구에서 NGO의 파이낸셜컨트롤러로 있다.

이렇게 우리는 서로의 멘토이자 서포터가 되어 서로의 성공을 견인해주고 있다. 누구에게라도 자랑하고 싶은 우리들의 서포팅 시스템인 것이다. 어떻게 보면 지금까지의 직장생활 중 가장 크게 남은 네트워크 자산이다. 이제 우리 넷은 아이를 낳고 키우면서 워킹맘으로 20년 지기 친구가 됐다. 쌍둥이를 출산한 엘렌이 육아휴직을 마치고 직장생활을 다시 시작했을 때 누구보다 크게 축하하며 격려했던 사람들은 우리 '핑클'이었다.

우리는 언제 어떤 일이 생겨도 자기 일처럼 챙겨주고 서로 조언을 해준다. 아니, 그냥 들어만 주는 것도 큰 힘이고, 누군가 항상 물어볼 사람이 있다는 사실만으로도 늘 든든하다. 미국에 온 지금도 이 네 명과 SNS로 서로 일상을 나눈다. 뿐만 아니라 매일매일 새로 알게 된 영어 표현을 공유하며 영어 공부도 함께한다. 혼자서는 꾸준히 하기 어렵거나 쉽게 지칠 일들에 대해 서로의 '어카운터빌리티 버디(accontability buddy)', 든든한 뒷배가 되는 친구들이다.

이를 여성들끼리의 연대라고 부르고 싶다면 그래도 좋을 것이다. 직장에서나 인생의 여정에서 비슷한 시기에 같은 고민을 하는 친구들과 연대하지 않으면 누구와 마음을 나눌 수 있을까? 직장생활이 늘 경쟁과 질시만으로 가득 차 있다면 우리는 일을 하며 살 수 없다. 매일 그렇게 날을 세우며 살 수는 없는 법이다. 당신의 성장에 자극제가 된다면 약간의 경쟁은 필요하지만, 그것이 삶의 모든 것이 될 때 우리는 쉬이 지쳐버린다.

경쟁보다는 함께하는 일이 훨씬 더 쉽고 오래간다. 경쟁을 넘어 함께 성장하고 싶은 동료를 찾는다면 당신의 회사생활은 더 길고 행복해질 수 있다. 연대야말로 성장의 본질적인 동력이기 때문이다. 물론 눈앞의 일이 너무 바빠서 다른 동료가 뭘 하며 사는지 관심을 기울이기 어려울 것이다. 게다가 시간이 지날수록 그런 경향은 더 강해질 것이다. 당신의 관심도 지치고 늙어가기 때문이다.

하지만 그럴 때 '어카운터빌리티 버디'가 있다면 당신의 손을 잡고 세상으로 이끌어내줄 것이다. 쓰러지지 말고 기운 내라고. 너는 무슨 일이든 해낼 수 있는 사람이라고 응원하면서 말이다. 그러니 지금 당장 나가서, 다른 팀의 누군가에게 말을 걸어봐라. 친구로 삼고 싶은 동료에게 당장 "오늘 퇴근하고 삽겹살 한 판 하실래요?" 혹은 커피족이라면 "커피 한잔?"으로 문을 열어 초대해보면 어떨까? 분명 그중 누군가가 당신의 든든한 뒷배가 되어줄 것이다.

에필로그

마음이 조급하고 불안해질 때 돌아봐야 할 것들

지금 내가 제대로 가고 있는 걸까, 지금 이 길이 맞는 걸까 불안해지고 남들과 비교해 내가 너무 뒤처지는 것 같아서 평소보다 더 소심해질 때가 있습니다. 자신 있게 잘 하던 일이고 그 무엇보다 나를 기쁘게 하는 일이었는데, 작은 실수로도 자신감을 잃거나 심드렁해지는 때가 오기도 합니다. 그럴 때면 스스로 의심하고 위축됩니다. '이 길은 아무래도 내 길이 아닌가 봐' 이런 마음이 들면 가쁜 호흡을 다스리면서 잠시 거리를 두고 내 일상을 돌아보는 여유를 가져보면 좋겠습니다. 그리고 아래의 잔소리를 체크리스트 삼아 오늘의 하루를 점검해봅시다.

1. 체력도 실력입니다

: 몸이 지치면 마음이 오래 버티기는 더 힘들어집니다. 그 어떤 큰 실수를 하거나 일이 잘 풀리지 않을 때에도 컨디션이 좋으면 어떻게든 수습해보겠다는 의지가 생기지만, 그렇지 못한 날에는 평소보다 더 크게 낙담하고 절망하게 됩

니다. 마음의 여유는 몸의 체력에서 나옵니다. 열심히 일하고 있는데도 스스로에 대한 자신감이 떨어져 있고 소극적인 태도로 매사를 대하고 있다면, 내가 체력이 떨어지진 않았는지, 평소에 내 몸을 위해 얼마나 시간을 투자하고 있는지를 점검해보면 좋겠습니다.

2. 늘 새롭게 배우며 머릿속에 연료를 채우세요

: 하루하루 허덕이며 일에 치이다 보면, 비우기만 하다가 채우는 법을 잊어버리게 됩니다. 맹목적으로 달려가기만 하다가 기력이 쇠해 쓰러지는 말처럼, 우리의 머리도 채우는 일을 하지 않으면 지쳐버립니다. 번아웃이 오기 전에 충분한 시간을 성장에 투자하세요. 커리어를 위한 공부는 물론, 그 어떤 공부라도 우리 삶에 활력을 돌려줄 겁니다.

3. 잠깐이라도 꾸준히 몰입할 수 있는 취미를 가지세요

: 취미생활은 사치가 아니라 필수입니다. 오래도록 이어온 취미생활은 급변하는 직업세계 속에서도 우리가 급류에 휩쓸리지 않도록 버텨주는 단단한 중심이 됩니다. 일이나 가정에서 한발 물러나 스스로에게만 몰입하다 보면 오히려 일상으로 돌아갈 힘을 얻게 될 겁니다. 여행이든, 악기든, 운동이든 그 어떤 사소한 취미라도 좋으니 내가 좋아하

는 것을 오랫동안, 집중해서, 꾸준히 해보세요. 못하면 어때요, 선수할 것도 아닌데.

4. 친구를 만들고, 만나세요

: 어떤 일이든 혼자 하면 빠르게 효율적으로 할 수 있지만, 일을 크게 키우거나 오래 하는 데에는 도움이 되지 않습니다. 하다못해 운동이나 영어 공부도, 다른 사람들과 같이 하면 더 오래 합니다. 직장생활에서도 마찬가지입니다. 내게 큰 도움이 되지 않는다고 선 긋고 '손절' 하기보다, 여러 사람들과 부대끼고 도움을 받으면서 서로를 위한 '서포팅 시스템'을 만들어보세요. 세상에 연대보다 강한 힘은 없습니다.

5. 생각을 너무 많이 하지 마세요

: 우리는 무슨 일을 시작하기 전에 너무 많은 생각과 고민을 합니다. 먼 미래를 고민하고 불안해하느라 아무 일도 하지 않는 것보다는, 일단 내가 할 수 있는 일부터 시작하는 편이 훨씬 더 빛나는 미래를 만드는 데 도움이 됩니다. 맘대로 잘 안 풀려서 초조해질 때면 지금의 현실을 인정하고 이렇게 말해보세요. '뭐 어쩔 수 없지. 세상 두 쪽 안 나.' 지금 안 되어도, 늦은 것 같아도 늦지 않습니다.

감사의 말

이 책이 나오기까지 많은 도움을 받았습니다. 2년 넘는 팬데믹 기간 동안 저에게 힘이 되어준 건, 제 캘린더에 잡힌 노란색 일정인, '다이&로이스 콜'이었습니다. 웅진씽크빅 단행본사업본부의 편집자 정다이 과장은 매주 서로의 생사(!)를 확인하며 한 주를 위한 파이팅 에너지를 전하는 그야말로 '끈끈한 전우'였습니다. "진심으로 고맙습니다."

책이 나온다는 소식에 누구보다 기뻐했던 핑클 4인방. "민영, 엘렌, 재키, 우리 여성 연대의 힘을 계속 보여주자!" 지난 15년 동안 '늘 회사에 가고 싶도록 만들어준 구글러들(옛 동료 포함!). "오늘 하루도 신나게 값진 경험과 성장을 함께하고 있는 구글러 분들 고마워요." 지금도 "엄마 사랑해"라고 힘 실어주는 예비 취준생 필립. "필립, 건강하게 커줘서 고맙고, 취업 세계가 쉽지 않겠지만 조급해하지 말고 우리 길게 보자. 엄마 여태 신나게 일하잖아. 몇 번을 실패해도 인생은 길어!"

지난 30년 동안 맘 편하게 직장생활 할 수 있도록 든든하게 지원해주신 가족, 특히 시어머니와 친정 엄마, '전광석화 로이스'와 교검지애를 나눠준 14년 검도 지기들, 7년이 넘게 소리가 제대로 안 나도 포기 안 해주신 대금 사부님, 다양성 가치를 깨닫게 해준, '나의 있는 모습 그대로'를 위해 오늘도 용기 내는 친구들에게도 감사를 보냅니다.

아참, 오늘 '조거(jogger) 팬츠'를 사려고 들어간 매장에서 내 발음을 못 알아들어 결국 스펠링을 알려주니 조거가 아니라 '쟈거스(joggers)'라고 알려준 매장 직원에게 감사! 오직 발음 연습 삼아(!) 살 것도 아니면서 다섯 군데 매장을 더 들러 '쟈거스'를 사러왔다고 말했을 때 친절하게 상대해 준 매장 직원들에게도 감사!

우리 모두가 좋아하는 일을
원하는 만큼 즐기면서
더 오래 했으면 좋겠습니다.
계속 가봅시다.
남는 게 체력이잖아요.

일러스트 하완

그림으로 더 좋은 세상을 만들 수 있다고 믿는 그림책 작가이자 일러스트레이터. 글을 쓰는 에세이스트로도 활동 중이다. 쓴 책으로 『하마터면 열심히 살 뻔했다』, 『저는 측면이 좀 더 낫습니다만』 등이 있으며, 주요 그림책으로 『누가 행복한지 보세요』, 『혼자라서 지는 거야』 등이 있다.

계속 가봅시다
남는 게 체력인데

초판 1쇄 발행 2022년 7월 8일
초판 4쇄 발행 2022년 11월 21일

지은이 정김경숙

발행인 이재진 **단행본사업본부장** 신동해
편집장 김예원 **책임편집** 정다이
디자인 co*kkiri **교정** 윤정숙
마케팅 최혜진 최지은 **홍보** 정지연 **제작** 정석훈

브랜드 웅진지식하우스
주소 경기도 파주시 회동길 20
문의전화 031-956-7351(편집) 031-956-7127(마케팅)
홈페이지 www.wjbooks.co.kr
페이스북 www.facebook.com/wjbook
포스트 post.naver.com/wj_booking

발행처 ㈜웅진씽크빅
출판신고 1980년 3월 29일 제406-2007-000046호

ISBN 978-89-01-26254-3 03190